Rund um die Zugspitze

Garmisch-Partenkirchen

Siegfried Garnweidner
Barbara Wickenburg

Karten-Legende auf den Umschlagklappen

KOMPASS

Wanderführer

Impressum

1. Auflage 2010 Verlagsnummer 5426 ISBN 978-3-85026-226-2

Text und Fotografie: Siegfried Garnweidner und Barbara Wickenburg
Bildnachweis:
Titelbild: Seebensee und Zugspitze (© www.fotolia.de)
Barbara Wickenburg: Seite 77; Markus Wickenburg: Seiten 4 und 55; Picturenick © www.fotolia.de: Seiten 6/7; alle anderen Bilder stammen von Siegfried Garnweidner

Grafische Herstellung, Wanderkartenausschnitte und Höhenprofile: © KOMPASS Karten GmbH

Alle Angaben und Routenbeschreibungen wurden nach bestem Wissen gemäß unserer derzeitigen Informationslage gemacht. Die Wanderungen wurden sehr sorgfältig ausgewählt und beschrieben, Schwierigkeiten werden im Text kurz angegeben. Es können jedoch Änderungen an Wegen und im aktuellen Naturzustand eintreten. Wanderer und alle Kartenbenützer müssen darauf achten, dass aufgrund ständiger Veränderungen die Wegzustände bezüglich Begehbarkeit sich nicht mit den Angaben in der Karte decken müssen. Bei der großen Fülle des bearbeiteten Materials sind daher vereinzelte Fehler und Unstimmigkeiten nicht vermeidbar. Die Verwendung dieses Führers erfolgt ausschließlich auf eigenes Risiko und auf eigene Gefahr, somit eigenverantwortlich. Eine Haftung für etwaige Unfälle oder Schäden jeder Art wird daher nicht übernommen. Für Berichtigungen und Verbesserungsvorschläge ist die Redaktion stets dankbar. Korrekturhinweise bitte an folgende Anschrift:

KOMPASS-Karten GmbH, Kaplanstraße 2, A-6063 Rum/Innsbruck
Tel.: 0043/(0)512/2655610, Fax: 0043/(0)512/2655618
kompass@kompass.at, www.kompass.at

Barbara Wickenburg

arbeitet seit 1993 als Lektorin und hatte schon immer den beruflichen Schwerpunkt im Bergbuchbereich. Seit 2003 ist sie außerdem für die Redaktion des Kalenders des Deutschen Alpenvereins zuständig. Auch in ihrer Freizeit ist sie als Familiengruppenleiterin für den Alpenverein aktiv, um ihrer eigenen Tochter und anderen Kindern etwas von dem Lebensgefühl und der Freude mitzugeben, die sie selbst schon von Kindesbeinen an in den Bergen erfahren hat.

Siegfried Garnweidner

hat sich ganz den Bergen verschrieben. Er ist Autor zahlreicher Bergbücher. Im KOMPASS-Verlag sind von ihm auch folgende Wanderführer und Wander-Atlanten erschienen: Karwendel, Rund um den Achensee, Ammergauer Alpen, Engadin, Rund um München-Ost, Harzer-Hexen-Stieg, Allgäu, Chiemgau-Berchtesgadener Land und Rund um München. Im Großen Skitouren-Atlas Bayerische Alpen-Nordtirol stellt der Autor zahlreiche Touren vor.

Vorwort

Wenn man von Norden kommend das Loisachtal durchquert, trifft man mitten in das Herz des Werdenfelser Landes. Der Blick wird magisch vom Wettersteingebirge angezogen, das in der Zugspitze gipfelt, dem höchsten Berg Deutschlands. Dieses wilde, hochalpine Gebirge aus hell leuchtendem Kalkstein mit seinen markanten Berggestalten wie Alpspitze, Waxenstein und Dreitorspitze steht im Mittelpunkt dieses Wanderführers. Aber auch Touren aus den umliegenden Gebirgsgruppen Mieminger Berge, Estergebirge, Ammergauer und Lechtaler Alpen werden hier präsentiert.

So ergibt sich eine abwechslungsreiche Mischung aus panoramareichen Kurzwanderungen, gemütlichen Bergtouren mit Bahnunterstützung, anspruchsvollen Bergtouren im Fels bis hin zum Klettersteig und sogar Zugspitzbesteigungen mit Gletscherberührung. Es ist also für jeden Geschmack etwas geboten.

Wir wünschen Ihnen viel Spaß und schöne Erlebnisse in den Bergen.

Barbara Wickenburg und Siegfried Garnweidner

Dem Himmel näher im Zugspitzrevier

Das Wettersteinpanorama schlechthin: Alpspitze, Zugspitze und Waxenstein

Pause mit Aussicht

Blick zur Zugspitze

Inhalt

Länge (in Kilometern)	Höhenmeter Aufstieg	Höhenmeter Abstieg	Parkplatz	öffentliche Verkehrsmitteln	Aufstiegshilfe	Abstiegshilfe	Einkehr	Übernachtungsmöglichkeit	Gipfel	Trittsicherheit und Schwindelfreiheit erforderlich	kinderwagentauglich	kinderfreundlich	fahrradtauglich	kulturelle Highlights	Klettersteig	Bademöglichkeit	mit Panoramablick	Rundtour
11,5	1330	1330	●	●	●	●	●	●	●	●	–	–	–	–	●	–	●	–
10,5	1390	1390	○	●	–	–	●	–	●	●	–	–	○	–	–	–	●	○
8,75	1320	1320	●	●	○	○	●	●	●	●	–	–	○	–	●	–	●	●
9	1530	1530	○	●	–	–	●	●	●	●	–	–	–	–	–	–	●	–
9	1200	1200	●	●	○	○	●	●	●	●	–	–	○	–	●	–	●	–
10.5	1180	1180	●	●	●	●	●	–	●	–	–	●	–	–	–	–	○	○
21,5	1500	1500	●	○	–	–	●	●	●	●	–	–	–	–	●	–	●	●
6	50	50	●	●	–	–	●	●	–	–	●	●	●	–	–	●	–	●
8,5	2200	0	●	●	–	●	●	●	●	●	–	–	–	–	●	–	●	–
25	2250	2250	●	●	–	–	●	●	●	●	–	–	○	–	●	–	●	–
4	1740	0	●	●	–	●	●	●	●	●	–	–	–	–	●	–	●	–
23	2100	2100	●	●	●	●	●	●	●	●	–	–	○	–	●	–	●	–
16	1500	1500	●	●	–	–	●	●	●	●	–	–	–	–	●	–	○	●
8,5	1350	0	●	●	–	●	●	●	○	○	–	–	–	–	–	–	○	–
10,5	600	1900	●	●	●	–	●	●	●	●	–	–	–	–	●	–	●	●
8,5	890	890	●	●	○	○	●	●	●	–	–	●	–	–	–	–	●	○
16,5	1350	1350	●	●	○	○	●	–	●	–	–	○	●	–	–	–	●	–
8	500	500	●	●	○	○	●	–	○	–	–	●	–	–	–	–	●	●
12,5	1030	1030	●	●	–	–	●	○	●	●	–	–	–	–	–	–	●	●
13	1100	1100	●	●	–	–	●	●	●	–	–	●	–	–	–	–	○	●
11	1600	1600	●	●	–	–	●	●	●	●	–	–	–	–	●	–	●	●
19	1380	1380	●	–	–	–	●	●	–	–	–	○	○	●	–	–	○	–
10	1050	1050	●	–	–	–	–	–	●	●	–	–	–	–	–	–	–	●
10	1460	1460	●	●	–	–	–	–	●	●	–	–	–	–	●	–	●	–
11	1200	1200	●	●	–	–	●	●	●	●	–	–	–	–	–	–	●	●
10	450	450	●	●	○	○	●	●	●	–	–	●	–	–	–	●	●	●
14	1200	1200	●	●	–	–	●	–	●	●	–	–	–	–	–	–	●	●
10	860	860	●	●	–	–	●	●	●	–	–	●	–	–	–	–	●	●
8	380	380	●	●	–	–	●	–	–	–	–	●	–	–	–	–	–	●
18	1550	1550	●	●	–	–	●	●	●	●	–	–	–	–	–	–	●	●

● Schwierigkeitsgrad ● Ja ○ Bedingt – Nein

Das Werdenfelser Land

Das Werdenfelser Land ist das herrliche Voralpengebiet um Garmisch-Partenkirchen, Mittenwald, Oberammergau und Murnau vor der prächtigen Kulisse des Wettersteingebirges.

Neben den Bergen ringsum sorgen die drei Flüsse Isar, Loisach und Ammer sowie mehr als 15 Seen das ganze Jahr über für jede Menge Freizeitmöglichkeiten: Wandern, Bergsteigen, Klettern, Raften, Sommerrodeln, Schwimmen, Segeln, Mountainbiken, Gleitschirmfliegen, Skifahren, Langlaufen, Schlittschuhlaufen und vieles mehr.

Mit den Ammergauer Alpen, dem Murnauer Moos (größtes noch lebendes Moor am Alpenrand), dem Gebiet um Schachen und Reintal, der Arnspitze und dem Karwendelgebirge grenzen fünf Naturschutzgebiete an das Werdenfelser Land.

Zusätzlich sorgen die vielen Orte der Region mit ihrem kulturellen Angebot und der Infrastruktur für zahlreiche weitere Möglichkeiten, die Freizeit zu genießen. 16 von den 22 Gemeinden des Landkreises sind als Erholungsort, Luftkurort, heilklimatischer Kurort oder als Heilbad anerkannt.

Zentrum und Verkehrsknotenpunkt des Werdenfelser Landes ist der berühmte ehemalige Olympiaort Garmisch-Partenkirchen am Fuße des Wettersteingebirges. Daher stellen die Tourenmöglichkeiten im Wettersteingebirge auch den Schwerpunkt dieses Wanderführers dar.

Darüber hinaus werden aber auch Tourenziele aus den Gebirgsgruppen Mieminger Kette, Estergebirge, Ammergauer und Lechtaler Alpen vorgestellt, einfach schon aus dem Grund, weil sie von Garmisch-Partenkirchen aus sehr gut zu erreichen sind.

Und natürlich ergibt sich so noch mehr Abwechslung!

Das vorgestellte Gebiet ist durch Wege, Hütten und Bergbahnen ausgezeichnet erschlossen. Auch die Anfahrt mit Bahn und Bus ist bei den meisten Tourenvorschlägen problemlos möglich und wird vor allem an den Wochenenden und in der Urlaubszeit sehr empfohlen, sonst steht man im Stau.

Natürlich muss man sich das Gipfelerlebnis bei Anziehungspunkten wie der Alpspitze oder der Zugspitze mit vielen anderen teilen (im letzten Falle vor allem mit Scharen von Seilbahntouristen), doch Sie finden auch Tourenvorschläge, wo Sie zwar vielleicht nicht allein, doch zumindest nicht in der Masse unterwegs sind.

Werdenfelser Land mit Zugspitze

Die Zugspitze – Deutschlands höchster Punkt, 2962 m

Die Zugspitze wurde 1820 das erste Mal touristisch bestiegen, vorher waren vermutlich einheimische Hirten oder Jäger auf dem Gipfel. 1851 wurde ein Gipfelkreuz auf dem Westgipfel errichtet und 1897 wurde das Münchner Haus, die höchstgelegene Alpenvereinshütte Deutschlands, eröffnet.

Der Zugspitzgipfel ist nicht nur den höchste Gipfel Deutschlands, sondern leider auch der hässlichste und am meisten verbaute.

Drei Bahnen führen mittlerweile auf die Zugspitze hinauf:

- die Zahnradbahn von Garmisch-Partenkirchen
- die Gondelbahn vom Eibsee und
- die Gondelbahn von Ehrwald

Auf dem Platt warten von November bis Mai neun Schlepplifte und ein Sessellift auf die Skifahrer.

Die gesamte Anlage mutet sehr futuristisch an mit Richtfunkstation, Antennen, Messgeräten usw. Es gibt dort eine Wetterwarte, im neun Meter hohen Wetterturm befindet sich ein Observatorium und im ehemaligen Hotel Schneefernerhaus ist eine Umweltforschungsstation untergebracht. Der ganze Gipfelbereich der Zugspitze hat sich zu einem Hightech-Zentrum entwickelt, mit Internet-Café, Konferenzräumen mit kompletter technischer Ausstattung, Ausstellungsräumen, Kiosk und Selbstbedienungsrestaurant. Sogar heiraten kann man dort oben. Nur das Münchner Haus hat sich noch etwas von der Urtümlichkeit bewahrt, zumindest dann, wenn die letzte Bahn wieder im Tal ist und etwas Ruhe einkehrt.

Infos: www.zugspitze.de

Talorte

Tiroler Zugspitzarena

So nennen sich die sechs Orte Ehrwald, 994 m, Lermoos, 1004 m, Bichlbach, 1075 m, Biberwier, 989 m, Heiterwang, 992 m und Lähn-Wengle, 1112 m. Mehr als 100 Wanderwege und Bergrouten, Spazierwege, etliche Seil- und Sesselbahnen, acht Seen, über 100 verschiedene Radtouren, schneesichere Pisten, 100 Kilometer Loipen, ein breites Angebot aller beliebten Freizeitsportarten vom Snowboarden und Schneeschuhwandern bis zum Klettern, Tauchen oder Fischen bietet diese Region. Alle Orte liegen nah beieinander, und die Gäste können kostenlos mit Bus oder Bahn hin- und herpendeln.

Tourismusregion
Tiroler Zugspitzarena
Tel. 0043/(0)5673/20000
www.zugspitzarena.com

Ehrwald

994 m, liegt am Fuße der Zugspitze und ist der größte Ort der Arena. Wer ein bisschen Remmidemmi sucht und trotzdem nicht auf traditionelle und gemütliche Atmosphäre verzichten möchte, ist dort gut aufgehoben. Ehrwald ist mit unzähligen Möglichkeiten des Winter- und Sommersports und einer modernen Infrastruktur ausgestattet. Weit oben lockt der Zug-

Über dem Ehrwalder Becken ragt der Daniel auf.

spitzgletscher mit seinen Pisten und einem Bilderbuchpanorama, eine Etage tiefer wartet das vergleichsweise ruhige Skigebiet Ehrwalder Alm. Im ausgedehnten Ehrwalder Becken gibt es einen beliebten Golfplatz.

Biberwier
989 m. Das Dorf am Fuße des Marienbergs ist der kleine Nachbar von Ehrwald. Abseits vom großen Touristengetümmel in reizvoller Landschaft mit eigenwillig geformten Hügeln und kristallklaren Gebirgsseen gelegen, lassen sich dort Ruhe, Erholung und Aktivität bestens verbinden.

Lermoos
1004 m. Dort wo das Tal sich langsam verengt, liegt umrahmt von den Gebirgszügen der Lechtaler Alpen das Dorf Lermoos. Lermoos bietet auf dem Hausberg Grubigstein Skifahren auf präparierten und schneesicheren Pisten bis vor die Haustüre, ein weitläufiges Loipennetz, entspannendes Badevergnügen im Panorama-Freibad mit Wasserspielgarten, Rutschen und vieles mehr.

Grainau
750 m, ist ein beliebter Ferienort mit vielseitigen Freizeit- und Sportmöglichkeiten. Durch den ebenen Talboden mit Wiesen und Wäldern ziehen sich kilometerlange Spazierwege. In unmittelbarer Umgebung liegen der Badersee und der bergumsäumte Eibsee auf fast 1000 Metern mit kristallklarem, tiefblauem Wasser. Der Eibsee lädt zu einer Umrundung (siehe Tour 8) oder zu einer Bootsfahrt ein. Im Hochsommer verspricht das kühle Wasser ein großes Badevergnügen. Ein besonders schönes Erlebnis ist die Begehung der Höllentalklamm vom nahegelegenen Hammersbach aus.
Kurverwaltung Grainau
Tel. 0049/(0)8821/981850
www.grainau.de

Die Leutascher Schanz

Leutasch
1140 m. Hinter diesem Namen verbirgt sich ein wunderschönes Tiroler Tal auf einem Hochplateau, das 24 Ortsteile umfasst und sich über eine Länge von 16 km ausdehnt. Bekannt für seine Schneesicherheit und Sonne, ist es vor allem bei Langläufern beliebt – es bildet zusammen mit dem benachbarten Renommier-Ort Seefeld das größte Langlaufzentrum Europas. Aber auch als Wandergebiet im Sommer und Winter hat sich Leutasch einen Namen gemacht: 450 km markierte Wanderwege gibt es, einige davon verlaufen durch das reizvolle Gaistal.
Informationsbüro Leutasch
Tel. 0043/(0)5/088-10
www.seefeld.com

Mittenwald
913 m. Bekannt ist Mittenwald vor allem für seinen Geigenbau, seine gute Luft – höchstgelegener Luftkurort der Bayerischen Alpen –

und sein Bilderbuch-Aussehen. Kleine Gassen, Bauerngärten, Giebel und Lüftlmalereien, eine malerische Dorfkirche – das Flanieren durch den Dorfkern mit Fußgängerzone ist eine Zeit- und Erholungsreise. Empfehlenswert ist der Besuch des Geigenbau-Museums. In herrlicher Natur – auf den im Frühjahr farbenprächtigen Buckelwiesen, bei einem Spaziergang entlang der alten Römerstraße, hochalpin im Karwendel, auf einer der zünftigen Hütten oder in einem der schönen, kleinen Gebirgsseen – dort kann man sich wunderbar entspannen.
Interessant ist auch ein Besuch der Leutaschklamm. Neben dem alten, wirklich spannenden Teil der Klamm wurde nun ein neuer Steg gebaut, der weit über dem Wildbach verläuft. Damit er trotzdem attraktiv ist, wurde er „Geisterklamm“ getauft und mit allerlei Firlefanz ausgestattet.
Tourist-Information Mittenwald
Tel. 0049/(0)8823/33981
www.mittenwald.de

Mittenwald mit Viererspitze

Elmau
1003 m. Zwischen Garmisch und Mittenwald, bei Klais, führt eine Mautstraße in das abgeschiedene, weite Elmauer Hochtal. Die Fahrt durch herrliche Natur führt am Schlosshotel Kranzbach vorbei und endet beim Schloss Elmau: in Wiesen und Wald eingebettet, imposant überragt vom Wettersteinmassiv. Das Schloss wurde 1916 von dem Philosophen Johannes Müller und dem Architekten Carlo Sattler als kultureller Treffpunkt erbaut und 1997 von deren Enkeln komplett restauriert. Heute ist es eine Oase von Kultur, Sport und Erholung.
Schloss Elmau
Tel. 0049/(0)8823/180
www.schloss-elmau.de

Garmisch-Partenkirchen
708 m. In dem weltbekannten Urlaubs- und Olympia-Ort unter der Zugspitze sind die olympischen Spiele nun schon ein Weilchen her (1936), doch in dem urig bis ländlich-mondänen Urlaubsort hat der Spitzensport auch heute noch Hochsaison. Beim Neujahrsspringen auf der Olympia-Schanze, beim berüchtigten Kan-

KOMPASS INFO

Ausflugstipps
Radtour rund um den Daniel, entlang der alten Römerstraße Via Claudia Augusta.
Schneeschuhwanderung um den Heiterwanger See
Ausflug zum herrlichen Plansee und dem Rokoko-Schloss Linderhof von Ludwig II.
Fahrt zu den Schlössern Ludwig II. Neuschwanstein und Hohenschwangau (Füssen)
Ausflug nach Innsbruck

dahar-Abfahrtsrennen, im Eissportzentrum, beim Kanufahren oder Gleitschirmfliegen. Trendsportler kommen in Garmisch genauso auf ihre Kosten wie besinnliche Naturgenießer. Die grandiose Bergwelt lässt sich bequem mit 12 Bergbahnen oder mit erlebnisreichen Aufstiegen erklimmen, die vielen Almen und Hütten garantieren zünftige Einkehren. Im malerischen Ortszentrum von Garmisch gibt es ein breites Gastronomieangebot, Bars, Cafés, Bistros, Kino, Theater, Konzerte, Musicals, viele Geschäfte und eine Spielbank. Kulturell sorgen vor allem die Richard-Strauss-Tage im Frühling und der Theatersommer für Wirbel, hoch her geht es beim Frühlingsfest, beim Deutsch-Amerikanischen Freundschaftsfest oder beim Juli-Straßenfest. Der ursprünglichere Ortsteil Partenkirchen hat übrigens seinen ganz eigenen Charme und Charakter.
Tourist-Information
Garmisch-Partenkirchen
Tel. 0049/(0)8821/180414
www.gapa.de

Farchant
671 m. Umgeben von einem herrlichen Bergpanorama, liegt die Gemeinde Farchant im saftig grünen Loisachtal. Gemütlich, entspannt und natürlich geht es dort zu; schöne Bauernhöfe, die Barockkirche St. Andreas, Lüftlmalereien und aktives Brauchtum bestimmen bis heute das Bild und Leben des Ortes. In unmittelbarer Umgebung gibt es vielfältige und reizvolle Möglichkeiten für Wanderer, Bergsteiger, Radfahrer, Mountainbiker und Langläufer unterschiedlichster Anforderung. Bekannt ist die Kuhflucht, wo im Sommer stimmungsvolle Waldfeste abgehalten werden und ein idyllischer Pfad sich bis hin zu den gleichnamigen Wasserfällen schlängelt. Oder der Philosophenweg, auf dem die Gedanken über Wald und Flur schweifen können. Ein Warmfreibad mit vier Becken, Superrutsche, Street- und Beachvolleyball bietet Vergnügen für die ganze Familie.
Tourist-Information Farchant
Tel. 0049/(0)8821/961614
www.farchant.de

Telefonnummern und Internetadressen

Deutscher Alpenverein
Tel. 0049/(0)89/14003-0
www.alpenverein.de

Österreichischer Alpenverein
Tel. 0043/(0)512/59547
www.alpenverein.at

Alpine Auskunft
www.alpine-auskunft.com

DAV-Wetterbericht
Tel. 0049/(0)89/295070
www.alpenverein.de

Wetter
Tel. 0049/(0)1805913913
www.wetter.de
www.wetter.com
www.dwd.de
www.zamg.at

Bergrettung
Europäischer Notruf
(auch vom Handy) 112
Bergrettung Österreich 140

KOMPASS Karten
www.kompass.at

Tourenübersicht

Seite

Gipfel mit möglicher Bergbahnunterstützung

Wander-/Gipfelziel (Talstation, Berg-/Seilbahn)

Seite

Für Kinder geeignete Touren

Herbstliche Gipfelschau vom Grubigstein (Tour 1)
auf die Mieminger Kette mit dem Wannig

Tourenübersicht

Seite

Wander-/Gipfeltouren mit Übernachtungs- oder Einkehrmöglichkeit

Die schönsten Touren

Legende

- Kilometerangabe
- Höhenmeter (Auf- und Abstieg)
- Gehzeit
- Für Kinder geeignet
- Einkehrmöglichkeit
- Bergbahn/Gondel
- Sessellift
- Wichtige Information
- KOMPASS Highlight

Kartenlegende auf den Umschlagklappen

Die meisten Wanderungen verlaufen auf guten, markierten Wegen und Steigen. Zur Erleichterung der Tourenauswahl sind die vorgestellten Wanderungen ihrem Anforderungsprofil entsprechend farblich gekennzeichnet.

Die angegebenen Gehzeiten für Auf- und Abstiege gelten für Bergwanderer mit guter Kondition. Sie können jedoch nur Richtwerte sein, da sie von zu vielen Faktoren (Wetter, Tagesform, Wegbeschaffenheit etc.) abhängen.

Im Gebirge müssen wir für jedes Wetter gerüstet sein. Feste Schuhe mit Profilsohle, strapazierfähige Bekleidung, (Fleece-)Pullover, Wind- und Regenschutz, Sonnenschutz, Proviant und ausreichend Flüssigkeit sind bei den meisten Touren Voraussetzung. In höheren Lagen empfiehlt sich auch im Sommer die Mitnahme von Mütze und Handschuhen. Eine Rucksackapotheke mit Rettungsdecke sollte man immer dabei haben. Bei Klettersteigen werden Klettersteigset und Steinschlaghelm empfohlen.

Selbstverständlich darf eine gute Karte nicht fehlen.

Schwierigkeitsbewertung

Blau
Diese Wanderungen sind einfach. Sie verlaufen auf Forststraßen oder gut markierten Bergwegen. Sie können zwar steil sein, sind aber nicht ausgesetzt und höchstens auf kurzen Stellen felsig. Eine Absturzgefahr besteht normalerweise nicht.

Rot
Diese Wege und Steige erfordern bisweilen etwas Trittsicherheit und Schwindelfreiheit. Die Routen überwinden größere Höhenunterschiede und können auf unmarkierten Etappen verlaufen, die etwas Orientierungssinn erfordern.

Schwarz
Diese Bergtouren sind anspruchsvoll mit felsigen Wegabschnitten. Sie eignen sich nur für Bergsteiger mit guter Kondition, absoluter Trittsicherheit, Schwindelfreiheit und alpiner Erfahrung. Sichere Wetterlage ist zwingende Voraussetzung. Diese Routen können in abgeschiedenem, weglosem und unmarkiertem Berggelände verlaufen. Sie reichen bis in den Schwierigkeitsgrad II der UIAA-Skala hinein.

1. Grubigstein, 2233 m und Gartner Wand, 2377 m

Gratwanderung

Ausgangspunkt: Obergarten, 1064 m | **Charakter:** bis zum Grubigstein leichte Tour; der Übergang zur Gartner Wand ist ausgesetzt (I); Drahtseil | **Einkehr:** Wolfratshauser Hütte, Grubighütte (beide Übernachtung), Gartner Alm, Grubigalm | **Karte:** KOMPASS Nr. 5

Schwer | 11,5 km | 1330 hm 1330 hm | 7,5 Std.

Bei Bergsteigern und Skifahrern, die sich gerne bequem mit der Seilbahn in die Nähe der Gipfel bringen lassen, hat vor allem der Grubigstein einen guten Namen. Deshalb haben aber auch viele die beiden Gipfel aus ihrem alpinen Programm gestrichen, denn bis an den Fuß des Grubigsteins fährt von Lermoos eine Sesselbahn herauf. Außerhalb der Ski- und Wander-Hochsaison aber gibt es, besonders im späten Herbst, wenn die Berge am schönsten sind, Zeiten, an denen die Bahn stillsteht und an denen auf den beiden Gipfelzielen idyllische Ruhe herrscht. Wählt man die vorgestellte Route durch das Gartner Tal, die weitab von Seilbahnkabeln heraufführt, sind tiefgreifende Gipfelerlebnisse schon fast garantiert.

Vom unteren Ortseingang des Dorfes **Obergarten** folgt man der Autostraße in Kehren durch den Ort hinauf und ab der Absperrschranke etwas abwärts, in das Tal des Gartnerbachs hinein. Seit dem Lawinenwinter 1999 und dem Pfingsthochwasser des gleichen Jahres ist dort nichts so wie es war. Die Fahrstraße ist nämlich völlig zerstört. Man muss also nun vor der Brücke über den Bach nach rechts gehen und gegen Süden hinauf. Bald schwenkt man rechts ab und geht am schmalen Bergweg weiter, der auf der Westseite des Gartnertals durch einige Reißen zur **Gartner Alm** ansteigt. Dort wird ein breiter Talboden erreicht, durch den man auf einer Fahrspur noch etwas gegen Südwesten ansteigt, bis an beschilderter Stelle ein Steig links abzweigt. Er wendet sich über eine stark ansteigende Flanke in Kehren hinauf, führt in einem labilen Hang kurz am Seilgeländer dahin und stößt auf eine bewaldete Grathöhe, die unmittelbar oberhalb der **Wolfratshauser Hütte** erreicht wird. Dort dreht man rechts ab. Bald darauf verzweigt sich der Weg, und die Route führt geradeaus weiter und später vom Gratrücken nach links

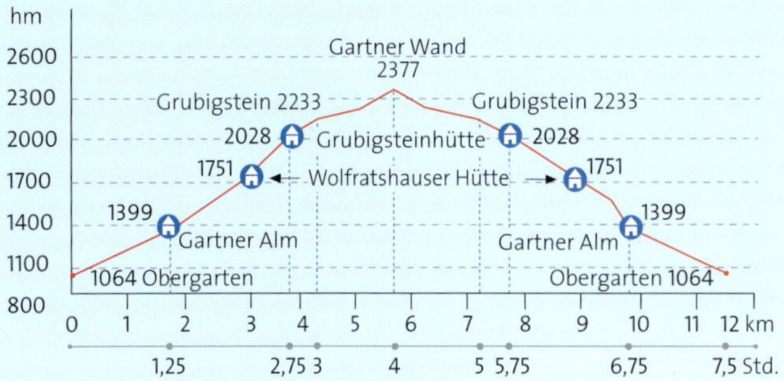

weg und zum **Gipfelhaus Grubigstein** hinauf. Vom Berghaus steigt ein guter Bergweg über freie, steile Hänge zum Kreuz am **Grubigstein** an. Damit ist das erste Gipfelziel erreicht.

Für versierte Bergwanderer gibt es noch einen zweiten Höhepunkt: die **Gartner Wand**. Zu ihr geht es über den Gipfelgrat, der nach links in steile Wiesen- und Geröllhänge und nach rechts in wilden Schrofen abfällt, gegen Westen in mehrmaligem Auf und Ab weiter. Die markierte Route verläuft über den Ostgipfel und schwingt sich dann steil die letzten 130 Meter zum Hauptgipfel auf. Von dort kann man in 10 Minuten noch zum Westgipfel hinübergehen, was relativ einfach ist.

Der Abstieg verläuft entlang der Aufstiegsroute.

Unterwegs vom Grubigstein zur Gartner Wand

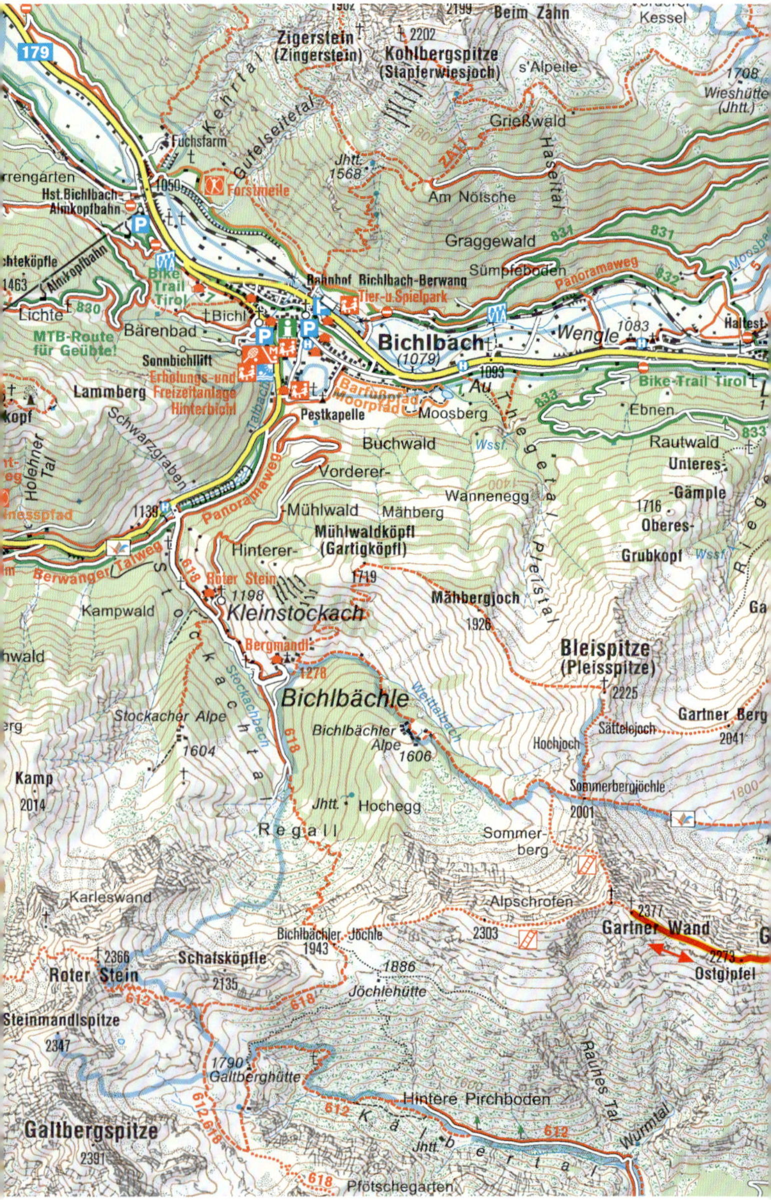
179
Zigerstein
(Zingerstein)
2202
Kohlbergspitze
(Stapferwiesjoch)
Beim Zahn
Kessel
s'Alpeile
1708
Wieshütte
(Jhtt.)
Kehrtal
Gutelseitetal
Fuchsfarm
Grießwald
Haseltal
Jhtt.
1568
ZA11
Hst.Bichlbach-
Almkopfbahn
1050
Forstmeile
Am Nötsche
Graggewald
831
Almkopfbahn
1463
Bike
Trail
Tirol
Sümpfeboden
Panoramaweg
832
Bahnhof Bichlbach-Berwang
Tier-u.Spielpark
Lichte
830
Bichl
MTB-Route
für Geübte!
Bärenbad
Bichlbach
(1079)
Wengle
1083
Haltest.
Sonnbichllift
Erholungs-und
Freizeitanlage
Hinterbichl
1093
Au
Bike-Trail Tirol
Lammberg
Barfußpfad
Moorpfad
Pestkapelle
Moosberg
833
Ebnen
Schwarzgraben
Buchwald
Wssf.
Thegetal
Rautwald
Unteres-
Holzner Tal
Vorderer-
Wannenegg
1400
-Gämple
1716
Oberes-
Panoramaweg
1139
Mühlwald
Mähberg
Mühlwaldköpfl
(Gartigköpfl)
Pleistal
Grubkopf
Wssf.
Hinterer-
Berwanger Talweg
618
Roter Stein
1198
1719
Mähbergjoch
Kampwald
Kleinstockach
Stockachtal
1926
Bergmandl
Bleispitze
(Pleisspitze)
1278
Bichlbächle
Weittalbach
2225
Gartner Berg
Stockacher Alpe
Stockachbach
Bichlbächler
Alpe
1606
Sättelejoch
2041
Hochjoch
1604
618
Kamp
2014
Sommerbergjöchle
1800
Jhtt.
Hochegg
2001
Regall
Sommer-
berg
Karleswand
Alpschrofen
2377
Bichlbächler Jöchle
1943
2303
Gartner Wand
2366
Schafsköpfle
1886
2273
Ostgipfel
Roter Stein
2135
Jöchlehütte
612
618
Steinmandlspitze
2347
1790
Galtberghütte
Rauhes Tal
1600
Hintere Pirchboden
612
Kälbertal
612
Würmtal
Galtbergspitze
2391
612,618
Jhtt.
618
Pfötschegarten

0 500 m

Farenegg
Hebertaljoch
2045
Büchsentaljoch
2244
Meirtljoch
1983
Meirtl
Beckenloamboden
Bichlbächer Alm
1591
Toajeboden
Upsspitze
2332
2340
Daniel
Kärles-eck
Gräntjoch
2125
Böser Tritt
Häselgehr
Kärle
1852
Grüner Ups
Rote Riepe
Raffels-kopf
Lichtenberg
1803
Toaje-boden
Alpwände
Guter Wald
Außerfeld
Stripfe
Ursprung
Kohlstatt
1476
Schrofen-Jhtt.
1093
Rautängerle
179
Stripfenegg
Tuftltal
Riegebach
1456
Tuftlalm (Lermooser Alm)
Ruhegebiet
START
St.Maria-kapelle
1064
Zugspitz-Panoramaweg
1419
Kohlberg
Brünngrat
Böser Winkel
Schrofen
Ober-garten
1480
Camping Grieserhof
Lärchenhof
Kohlbergweg
Freizeitanlage
Panoramabad
Forstlehrpfad
Berghof
Unter-Gries
Bhf. Lermoos
Panoramaweg
187
Rappenschrofen
Puiten
Happy Camp
9-Loch-Golfplatz
Lussbach
Widum
1211
Höhenweg
Bike-Trial Tirol
Adlerweg
Grähnkopf
Sieben
Lermoos
994
Kramerhütte
1602 (Jhtt.)
Brotzeitbaum
Brand
Tyrol
1399
Gartner Alm
Schlägle
01
Tieftal
Ger Kabinenbahn Grubigstein
E4
Adlerweg
Drei Mohren
Tummebichl
996
Grähntal
E.-Jäger-Steig
804
Hochmoos
Hubertuskapelle
Wolfratshauser Hütte
1751
Grubigbrunnen
Mittelstation
1334
Brettlalm (Gschwandkreuz)
Forstlehrpfad
Hotel Zugspitze
Säu-möser
Moosweg
Panor.-W.
Wachtersteig
NSG
SB Grubigstein Sekt. II
Lermooser Wald
Grubigsteinhütte
2028
Schwarz-riesboden
Lermoostunnel
3186m
1705
Grubigalm
Lermooser Skihtt.
Grubigstein
2233
nur Winterbetrieb
Biberwier
(989)
Dorfpark
Grubig
Alpina
Camping Biberhof
Neuwirtswände
Rochuskapelle
Adlerweg
Bergland
Siedlung Sonnbichl
Grubighütte (Jhtt.)
1687
Weißwand
Hohler Stein
Blindseeweg
Alpencamp Marienberg
Ruhegebiet
Blindseeböden
Loisach Quellen
Höhenweg
Rauhe
Vilalp
Gasse
Talegg
Mittersee

2. Daniel, 2340 m

Beliebte Tour mit vielen Varianten

Ausgangspunkt: Eisenbahnbrücke bei Ehrwald, 964 m | **Charakter:** streckenweise steil, am Gipfelgrat etwas ausgesetzt; stramme, aber sehr beliebte Tour. Der Abstieg oberhalb dem Kärle ist wesentlich anspruchsvoller und wenn Schnee liegt gefährlich! **Einkehr:** Tuftlalm | **Karte:** KOMPASS Nr. 4 oder 5

Mittel | 10,5 km | 1390 hm / 1390 hm | 5,5 Std.

Der Daniel ist eine recht kühne Berggestalt, die sich hoch über dem Ehrwalder Becken erhebt. Er bildet den südöstlichsten Gipfel der Ammergauer Alpen, und ist die Aussichtswarte zur Zugspitze schlechthin. Die schönen Gipfelblicke reichen aber auch noch weit in die Lechtaler Alpen und zur Mieminger Kette. Viele Routen aus diesem Führer lassen sich vom Daniel gut studieren, am schönsten der steile Anstieg über die Wiener-Neustädter-Hütte auf dem Stopselsteig zur Zugspitze (Tour 11).

Von der **Eisenbahnbrücke** südlich der Ehrwalder Schanz auf der Asphaltstraße steil hinauf und schon in der zweiten Kehre nach links zum breiten Weg. Auf diesem nach Westen und an beschilderter Stelle nach rechts zum Tuftlalmsteig, der nach Nordwesten ansteigend zur **Tuftlalm** führt. Dort zweigen wir auf einen schmalen Fahrweg ab, der gegen Nordwesten ansteigt. An beschilderter Stelle wird der breite Weg nach rechts verlassen, um auf gutem Steig durch Wald und freie Lichtungen gegen Nordwesten zu einer Schulter aufzusteigen, wo ein kleines Kreuz und wieder Wegtafeln stehen. Das ist der **Grüne Ups**, wenn man so will, das erste Gipfelziel. Am Grünen Ups schwenkt die Route rechts ab und steigt ziemlich steil durch Latschengebüsch und Geröllfelder gegen Nordosten zur **Upsspitze** an. Von dort sieht man schon recht gut zum Daniel hinauf. Der weitere Aufstieg fällt nun ein wenig ab, ehe der felsige Gipfelgrat erreicht wird. Man überschreitet diesen Grat mit entsprechender Vorsicht gegen Osten und steht schon bald darauf neben dem großen **Gipfelkreuz**.

Wer nicht am Aufstiegsweg absteigen will, kann sich etliche Varianten aussuchen, aber alle führen erst einmal über den Gipfel-

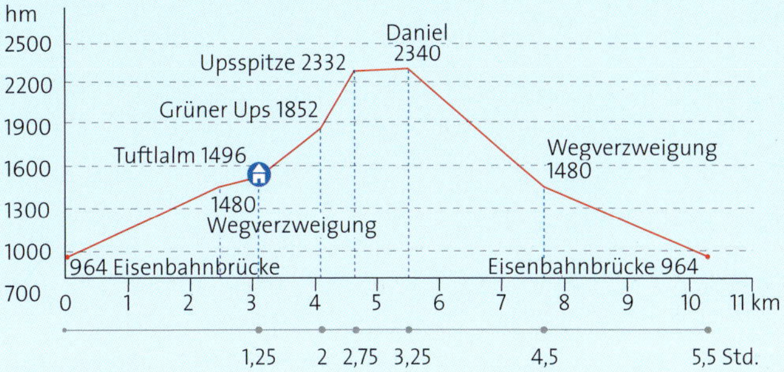

grat zurück. Eine schwenkt schon vor der Upsspitze, etwa an der tiefsten Stelle des Gratrückens, links und fällt nach Süden in steilen Schutthängen ab. Dann führt sie über einen steilen Rücken, westlich des Kärles durch Latschen und Wald abwärts und erreicht unter der Tuftlalm die Aufstiegsroute, auf der man zum Ausgangspunkt zurückgeht.

Eine weitere, aber sehr lange Alternative biegt unter der Upsspitze rechts ab und dreht vor dem Büchsentaljoch abermals rechts, um durch weite Schuttreißen ins Meirtljoch zu queren. Von dort kann man über das Meirtl, den Althüttenboden und die Häselgöralm zur Loisach absteigen, um neben ihr zum **Ausgangspunkt** zurück zu wandern.

Gipfelrast auf dem Daniel

KOMPASS

0 500 m

Spitziger Brand
Schöberle
Stinker
Oberes Langegg
Rauher Kopf
Tormetzanger
Tormetzangerkreuz
Hochwanner
Liegerlehütte (Jhtt.)
Liegerle
Loisach
Faule Wände
Meirtljoch
Meirtl
Beckenloamboden
Büchsentaljoch
Upsspitze
Daniel
Gräntjoch
Althüttenboden
Ehrwald-Schanz
Grüner Ups
Lichtenberg
Guter Wald
Kohlstatt
Schrofen-Jhtt.
Tuftlalm (Lermooser Alm)
Ruhegebiet
Schrofenwald
Bhf. Ehrwald-Zugspitzbahn
START
St. Anna-Kapelle
Zugspitz-Panoramaweg
Kohlberg
Brünngrat
Böser Winkel
Lermoos
Rossmoos
Heimatmuseum
Weidach
Hochmoos
Tümmebichl

3. Ehrwalder Sonnenspitze, 2417 m

Stramme Rundtour in den Mieminger Bergen

Ausgangspunkt: Talstation der Ehrwalder Almbahn, 1108 m
Charakter: anspruchsvolle Bergtour; Aufstieg durchwegs I+, eine Stelle II; Abstiegsweg zwar technisch einfacher, doch loses Geröll das große Vorsicht verlangt | **Einkehr:** Coburger Hütte (Übernachtung) | **Karte:** KOMPASS Nr. 4 oder 5

Schwer | 8,75 km | 1320 hm / 1320 hm | 6,5 Std.

Schaut man von Norden – also aus dem Loisachtal – auf die Mieminger Kette, so sticht ein scharfgeschnittener Felszahn ins Auge. Es ist die Ehrwalder Sonnenspitze, ein geschätztes, wenn auch nicht ganz einfach zu erreichendes Gipfelziel. Wie es sich für einen so markanten Zahn gehört, ist die Schau – vornehmlich ins benachbarte Zugspitzmassiv – sehr eindrucksvoll.

Bis zum Einstieg gäbe es viele Anstiegsvarianten. Die schnellste führt über den Hohen Gang. Man geht also von der **Talstation** der Ehrwalder Almbahn kurz nach Nordwesten hinab und dem alten Mühlweg entlang. Noch vor dem Schlepplift biegt man scharf nach links ab und steigt im Wald über den Hohen Gang steil und stellenweise ausgesetzt zum **Seebensee** auf. Nun folgt man dem Spazierweg am Ostufer und wandert hinter der Talstation der Materialseilbahn steiler zur **Coburger Hütte** auf. Unmittelbar vor der Hütte zweigt nach rechts ein markiertes Weglein ab, das zur Biberwierer Scharte führt. Noch vor der Scharte wird der markierte Wanderweg nach rechts verlassen. Nun geht es auf Steigspuren in ein Geröllkar hinein. Dann schwenken die Spuren im Schutt nach links und man erreicht felsiges Steilgelände.

Der zackige Aufstieg ist mit roten Punkten und Steinmännern markiert. Außerdem findet sich hin und wieder ein Haken zum Festmachen eines Sicherungsseils. Man kraxelt also mutig, im Wesentlichen stets nach Norden, sehr steil durch griffigen, gelegentlich etwas abgespeckten Kalkfels, meist durch Rinnen hinauf (kurze Drahtseilsicherung). Knapp unter dem höchsten Punkt kommt man in eine etwas weniger steil geneigte Flanke, über die man flott aufsteigt, wechselt in eine kleine

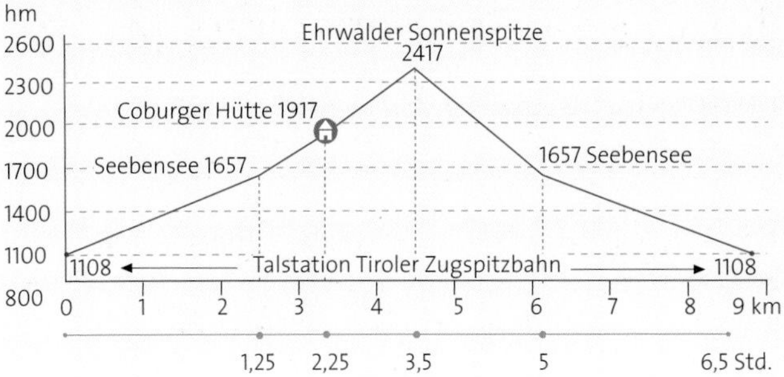

Scharte und steigt gegen Norden etwas ab, um in leichter Kletterei die letzten Meter zum **Gipfelkreuz** anzusteigen.

Für den Rückweg empfiehlt sich die etwas bequemere Route über die Nordostflanke. Sie ist zwar nicht ganz einfach, aber doch deutlich leichter als der Aufstieg. Man steigt vom Gipfelkreuz nach Norden über glatte, mit Geröll bedeckte Felsen ab. Bald drehen die Steigspuren nach rechts und fallen gegen Osten ungemütlich und steil ab. Vor dem **Seebensee** weist die Spur in dichtes Latschengebüsch hinein. Am Westufer geht man dann zum Aufstiegsweg zurück, dem man zum **Ausgangspunkt** folgt.

Die Ehrwalder Sonnenspitze

Lermoos
994
Ehrwald
1000
Biberwier
(989)
START
Gaistaler
Hof
1041
Hofkapelle
Alter Mühlenweg
Adlerweg
Altenmühlen
Hoher Gang
Hoher-Gang-Steig
Seebenbachfall
Rauher Kopf
1898
nur für Geübte
Seebensee
1657
Sonnenspitze
2417
Sonnenspitz-steig
(nur für Geübte)
Biberwierer Scharte
2000
Coburger Hütte
1917
Drachensee
(1874)
Vord. Drachenkopf
2303
Hint. Drachenkopf
2410
Grünstein
2661
Grünsteinscharte
2272
Schartenkopf
2332
Wamperter Schrofen
2520
Marienbergspitzen
2561
Hölltörl
2126
Höllkopf
2194
Stöttltörl
2036
Schachtkopf
1642
Langlehn
Jubiläumsweg
Knappensteig
Bremstattkopf
1641
Sunnalm
1620
Marienbergjoch
1789
Unterer Schafkopf
1947
Handschuhspitze
2319
Marienbergalm
1622
Arzbödele
Rotschrofen
Lange Lähn
Schmittenwald
Lärchenwald
Rauher Bichl
1054
Maria-Regina-Bank
Schmitte
Panoramaweg
Tummebichl
996
Hubertus kapelle
Weidach
Rossmoos
Moosweg
Heimatmuseum
Martinskapelle
Haag
Buchenwald
Koppensteig
Wettersteinlift
Wettersteinbahn
Josefskapelle
Panorama
9-Loch-Golfplatz
Happy Camp
Panoramaweg
Bhf. Lermoos
Freizeitanlage
Kohlbergweg
Sieben
Tyrol
Adlerweg
Drei Mohren
Hochmoos
Hotel Zugspitze
Forstlehrpfad
Säumöser
NSG
Rochuskapelle
Camping Biberhof
Dorfpark
Alpina
Neuwirtswände
Siedlung Sonnbichl
Alpencamp Marienberg
Rauhe
Höhenweg
Talegg
Sommerrodelbahn
Waldhaus Talblick
Schöner-Hang-Lift
Kohlstatt
Bensee 1082
MTB-Route für Geübte!
Lärchenweg
Finkenweg
Alpsteig
Barbarasteig
Jochlift
Almlift
Bike-Trail Tirol
Lermoostunnel
3186m
Bike-Trail Tirol
0 500 m

KOMPASS

Schneefernerkopf
Schlepplift Weißes Tal
Brunntallift
Holzereck
Neue Welt
Nördliche Wetterspitze
Doppelschlepplift
Wetterwandeck
Auf dem Platt
Brunntal
Plattsteig
Lehner Wald
Wiesgrat
Südl. Schneeferner
Diensthütte
Holzerwies
Südliche Wetterspitze
Wetterwandeck
Fensterl
Plattspitzen
Gatterlköpfe
Leitwald
Lehnplatzletal
Kofeltal
Grüner Platz
W E T T
Ganghofer-blick
Ger. Sesselbahn
Hochbrandlift
Hochissental
Am Brand
Tail Tirol
Rappenbach
Ehrwalder Alm-Bahn
Issentalköpfl
Issentalköpflift
Adler-weg
Ganghofer Hütte
Ehrwalder Alm
Hs. Wettersteinwand
Hochfeldernalm
Alpenglühen
Geißbach
Immen-steig
Pestkapelle
Feldernalm
Adler-weg
Koatiger Weg
Knappen-steig
Unterstandshütte Ganghofers Rast
Bike Trail Tirol
Igelseebach (Gaistalbach)
Igelsee
Adlerweg
Ganghofersteig
Breitlahn
Schwarzbach
Brendlsee
Igelskopf
verfallenes Bergwerk
Breitenkopf
Tajakopf
Breitenkopfhütte
Schwarzbachkar
Brendlkar
Igelskar
Tajatörl
M I N G E R K E
Alplscharte
Östliche-Griesspitze
Mitterspitzen
Hochplattig
(nur für Geübte)
Wetterkreuz
Schneeferner
Schoßkopf
Plattig
Klettergarten
Gacher Blick
In der Jude
Judentörl
Judenköpfe
Wenge-bödele
Mittelbergle
Alplbach

4. Wamperter Schrofen, 2520 m

Felsige Route für Anspruchsvolle

Ausgangspunkt: Biberwier, Gasthaus Wiesenheim, 990 m | **Charakter:** sehr lange und anspruchsvolle Bergtour; Trittsicherheit und Schwindelfreiheit sind zwingend notwendig (I-II); brüchiger Fels, große Steinschlaggefahr (Helm mitnehmen) | **Einkehr:** Coburger Hütte (nicht direkt an der Route) | **Karte:** KOMPASS Nr. 5

Schwer | 9 km | 1530 hm / 1530 hm | 8,5 Std.

Der Wamperte Schrofen zählt zu den pfiffigsten Touren in diesem Band. Bis zur Biberwierer Scharte ist die Tour zwar anstrengend, aber nicht schwierig, auch die lange Querung des Schwärzerkars ist noch relativ salopp zu schaffen.

Doch dann wird's anspruchsvoll. Man plagt sich – immer auf der Hut, die richtige Route nicht zu verlieren – über geröllübersäte, absturzgefährdete Schrofenhänge, und zuletzt wartet eine enge Steilrinne mit sportlicher und anstrengender Kletterei.

Zuerst quert man die **Mühlbachbrücke**, geht auf der Asphaltstraße weiter und biegt beim Falkenhof links ab. Ein breiter Weg steigt über einen Wiesenhang auf, an der Rochuskapelle (Pestkapelle) vorbei und in den Wald hinein. An der Straßenverzweigung links schwenken, bei der Weggabelung gleich darauf rechts abbiegen und dem markierten Wanderweg folgen. Bei der Wildfütterung quert er ein Sträßchen und führt gemächlich ansteigend durch den Wald hinauf. Der Waldweg verzweigt sich an beschilderter Stelle. Dort links gehen und der markierten Route zur Coburger Hütte folgen.

Der Steig schwingt sich deutlich auf, führt ins Krummholz und nähert sich in vielen engen Kehren immer mehr den eindrucksvollen Felsenwänden des Schartenkopfs und der Ehrwalder Sonnenspitze. Nach rechts zweigt der **Jubiläumsweg** Richtung Marienberg ab. Wieder links abbiegen und nördlich der Langlehn durch den weiten, aber breiten Taleinschnitt aufsteigen, bis schließlich auch auf der linken Seite eine Lawinenbahn herabzieht. Der Pfad steigt zwischen den beiden wilden Geröllbändern stramm auf. Knapp oberhalb der 1800-m-Linie quert er die obersten Hänge der Langlehn in einem

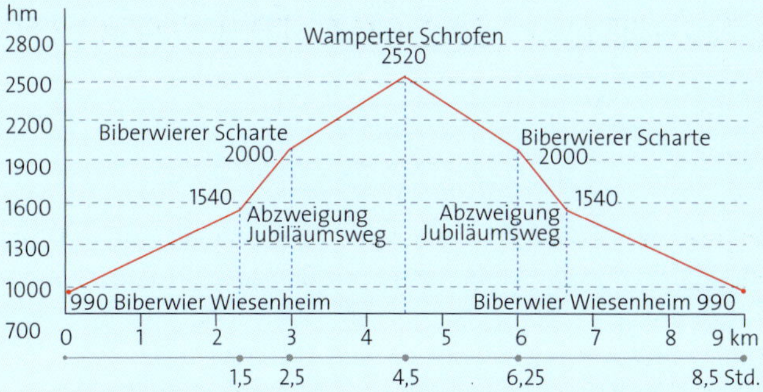

weiten Rechtsbogen, um anschließend links abzudrehen und immer steiler werdend auf einer Hangrippe an eine Felsenwand heranzuführen. Von dort steigt er direkt in die **Biberwierer Scharte** auf. Aus ihr führt ein nicht markierter Trampelpfad rechts heraus und steigt nach Süden anfangs über Geröll, dann in Wiesenhängen an. In den Wiesen verliert er sich, doch ist er im Geröllkar unter dem Schartenkopf wieder deutlich zu finden. Man folgt ihm durch das Geröll des Schwärzerkars, bis er unter der Marienbergscharte scharf rechts abdreht. Dann wird's spannend. Auf gelegentlichen Trittspuren alten Markierungspunkten und Steinmännern folgend, quert man den steil abbrechenden Schrofenhang gegen Norden und sucht sich den besten Durchschlupf, was nicht immer ganz einfach ist.

Im weiten steinigen Steilhang, der mit bröseligem Geröll übersät ist, dreht man links ab und steigt in die letzte der Steilrinnen ein. Vorsicht: Erhebliche Steinschlaggefahr! In nicht ungefährlicher Kletterei arbeitet man sich durch den brüchigen Fels steil hinauf, bis der **Gipfel** erreicht ist.

Der Abstieg verläuft entlang der Aufstiegsroute.

Der Wamperte Schrofen

Bhf. Lermoos
Panoramaweg
Gries
Höhenweg
Widum
Happy Camp
Lussbach
187
Moosweg
9-Loch-Golfplatz
Rossmoos
NSG
Gaisbach
Plattenweg
Panoram
Buchenwa
Bike-Trial Tirol
Adlerweg
Lermooser Moos
Moosweg
Heimatmuseum
Sieben
Bränd
Tyrol
Lermoos
994
Ehrw
Tiefental
Ger Kabinenbahn Grubig
179
E4
Adlerweg
Drei Mohren
Tummelbichl
996
Weidach
Martinskapelle
Geißbach
997
Bike Trail Tirol
Hochmoos
Hotel Zugspitze
Hubertuskapelle
Alter Mühlenweg
Adlerweg
1334
Brettlalm (Gschwändkreuz)
Forstlehrpfad
Säumöser
Moosweg
Rossmoos
Langmahd
Panoramaweg
Panor.-W.
Wachtersteig
NSG
Rauher Bichl
1054
Lermooser Wald
Lermoostunnel
3186m
Lärchenwald
Schwarzriesboden
Bike-Trail Tirol
Biberwier
(989)
Dorfpark
Schmitte
Maria-Regina-Bank
START
Alpina
Camping Biberhof
Ruhegeb.
Neuwirtswände
Rochuskapelle
Lange Lahn
Siedlung Sonnbichl
Berg-land
Panoramaweg
Schmittenwald
Weißwand
Rauher Kopf
1898
Blindseeweg
Alpencamp
Marienberg
nur für Geübte
Quellen
Rauhe
Höhenweg
Knappensteig
Talegg
Finkenweg
Lärchensteig
Gasse
Sommerrodelbahn
Seebensee
179
Lärchenweg
1158
Waldhaus Talblick
2417
Sonnenspitze
Knappenweg
Sonnenspitzsteig (nur für Geübte)
Kohlstatt
Schöner-Hang-Lift
Jubiläumsweg
Langlehn
Weißensee
1082
MTB-Route für Geübte!
1642
Schachtkopf
Biberwierer Scharte
2000
Praxmarerhütte
Ringtal
Branntweintal
Silberleiten
Schartenkopf
2332
Ring
Barbarasteig
(verf.)
Coburger Hütte
2303
Vord. Drach
Bremstattkopf
1641
Jubiläumsweg
Schwärze
Wamperter Schrofen
Rauhes Tal
Sunnalm
1620
Alpsteig
2520
Hint. Drachenkopf
2410
Rotschrofen
Marienbergspitzen
2561
1884
Jochlift
Marienbergjoch
1789
2661
Grünstein
Berglesboden
Unterer Schafkopf
1947
Arzbödele
Rifferltal
s'Bergle
Marienbergalm
Bike Trail Tirol
Hölltörl
2126
2194
Schrofen
Handschuhspitze
1622
Höllkopf
2319
Schafalm
Zäunkopf
2155
Mannlestal

0 500 m

Holzereck
Neue Welt
Nördliche Wetterspitze
2746
Wiesgrat
Lehner Wald
1808
Doppelschlepplift Wetterwandeck
2402
Platt
2394
2336
Südl. Schneeferner
2868
Südliche Wetterspitze
Wetterwandeck
2475
2698
2676
2680
Fenster
2483
2489
Plattspitzen
Holzerwies
Koppenwald
Hocheggen
Leitwald
Wiestal
Lehnplatzletal
Kofeltal
Grüner Platz
W E T
Ganghofer-blick
Ger. Sesselbahn
Hochbrandlift
Gaistaler Hof 1108
Bike Trail Tirol
Rappenbach
813
Ehrwalder-Alm-Bahn
801A,812
01
31 (Variante) Ganghofer Hütte
Ehrwalder Alm 1502
Adlerweg
Alpenglühen
Issentalköpflift
Issentalköpfl
1925
Hs. Wettersteinwand
Hochissental
Hochfeldernalm 1732
33,815
552
1617
Pestkapelle
Obere Mähder
Geißbach
Immensteig
Koatiger Weg
Adlerweg
Knappensteig
32
801A
Seebenwände
34,812
Unterstandshütte Ganghofers Rast
Seeben-Klettersteig
Bike Trail Tirol
1600
1518
Feldernalm
Igelseebach (Gaistalbach)
Igelsee
Adlerweg
551
23A,24,35
Adlerweg
Seebenalm 1575
23A
812
G
Breitlahn
1657
Vorderer Tajakopf
Klettersteig Tajakante
2450
Ganghofersteig
Wssl
Brendlsee
1903
2224
Igelskopf
verfallenes Bergwerk
Breitenkopf
2469
2017
Breitenkopfhütte
Schwarzbachkar
Hinterer Tajakopf
2408
Brendlkar
(1874)
Igelskar
Tajatörl 2259
812
23
I E M I N G E R
2701
2688
Mitterspitzen
2768
Alplscharte
2317
2747
Östliche Griesspitze
Hochplattig
2272
2741
Westliche
Schneeferner
Schoßkopf
Plattig
Gamsanger
verfallenes Bergwerk
Klettergarten
Gacher Blick
1909
In der Jude
Judentörl
1935
Judenköpfe
2021
2036
16
Stöttlreise
Wank Klettersteig
Mittelbergle
Wengebödele
15
Jhtt.
Wssl
1266
Pfarrer-A. Kathrein-

5. Vorderer Drachenkopf, 2303 m

Hausberg der Coburger Hütte

Ausgangspunkt: Ehrwald, Talstation der Ehrwalder Almbahn, 1108 m | **Charakter:** Schwindelfreiheit und Trittsicherheit notwendig; Gipfelanstieg teilweise ausgesetzt; der bröselige Kies am ungesicherten Gipfelsteig kann gefährlich werden | **Einkehr:** Coburger Hütte (Übernachtung) | **Karte:** KOMPASS Nr. 4 oder 5

Schwer | 9 km | 1200 hm / 1200 hm | 6,5 Std.

So ganz ohne bergsteigerische Leistung lässt sich keiner der Gipfel rund um die Coburger Hütte besteigen. Das gilt für die Sonnenspitze und die Tajaköpfe (insbesondere den neuen, schwierigen Klettersteig) genauso wie für den Vorderen Drachenkopf, der aussichtsreich mitten im Herzstück der Mieminger Gruppe liegt. Ganz besonders gut sieht man zum malerischen Seebensee hinunter, hinter dem sich das gigantische Wettersteingebirge mit der markanten Zugspitze aufbaut. Die meisten Berge rundum überragen unseren Gipfel, deshalb sieht man über die Mieminger Berge und das Wetterstein kaum hinaus. Doch über das Zwischentorental, sind die Blicke auf die südlichsten Bereiche der Ammergauer Alpen frei.

Gipfelblick vom Vorderen Drachenkopf über den Seebensee zur Zugspitze

Von der **Talstation** der Ehrwalder Almbahn über eine Holzbrücke und südwestlich des Geißbachs auf dem alten Mühlweg dahin. Vor dem kurzen Schlepplift biegt man links ab und geht im Wald über den Hohen Gang steil und teils auch ausgesetzt zum Seebensee hinauf.

Am Ostufer des schönen Sees folgt man eben dem Sträßchen zur Talstation der Materialseilbahn und weiter auf einem steilen Bergweg zur **Coburger Hütte** hinauf. Auf dem Wanderweg leicht abfallend gegen Westen weiter, bis sich an

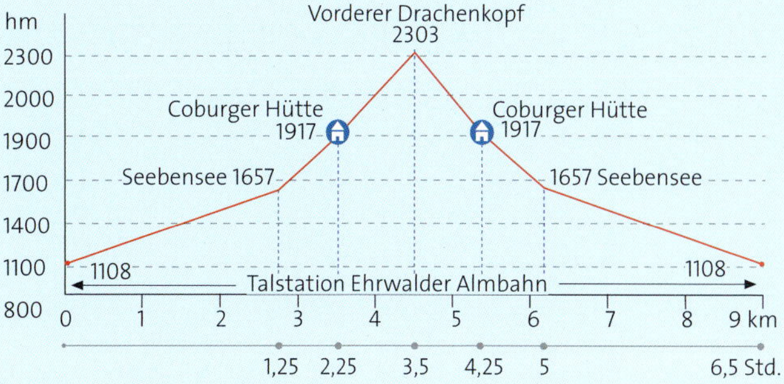

der tiefsten Stelle des Übergangs zur Biberwierer Scharte der Weg gabelt. Dort links abbiegen und am markierten Steig in das öde Schwärzerkar.

Zunächst nach Westen durch das Kar hinauf, dann nach Süden abdrehen. Verschiedene Wegspuren steigen nun weiter an, und man kann sich die raussuchen, die einem am besten gefällt. Auf jeden Fall erreicht man so die Schrofen unter dem Gipfelgrat. Nun geht es recht steil zunächst mit ein paar hilfreichen Eisenstiften, dann über Felsen zum Grat zwischen Vorderem und Hinterem Drachenkopf hinauf. Dort zeigt sich der Berg von seiner wilden Seite. In technisch leichter, aber stellenweise ausgesetzter Kletterei steigt man gegen Norden (links) über den langen Grat hinauf und passt bis zum **Gipfel** höllisch auf, dass man im feinen Gries nicht ausrutscht und hinunterfällt.

Der Abstieg verläuft im Wesentlichen entlang der Aufstiegsroute.

Vorderer Drachenkopf und Wamperter Schrofen über dem Seebensee

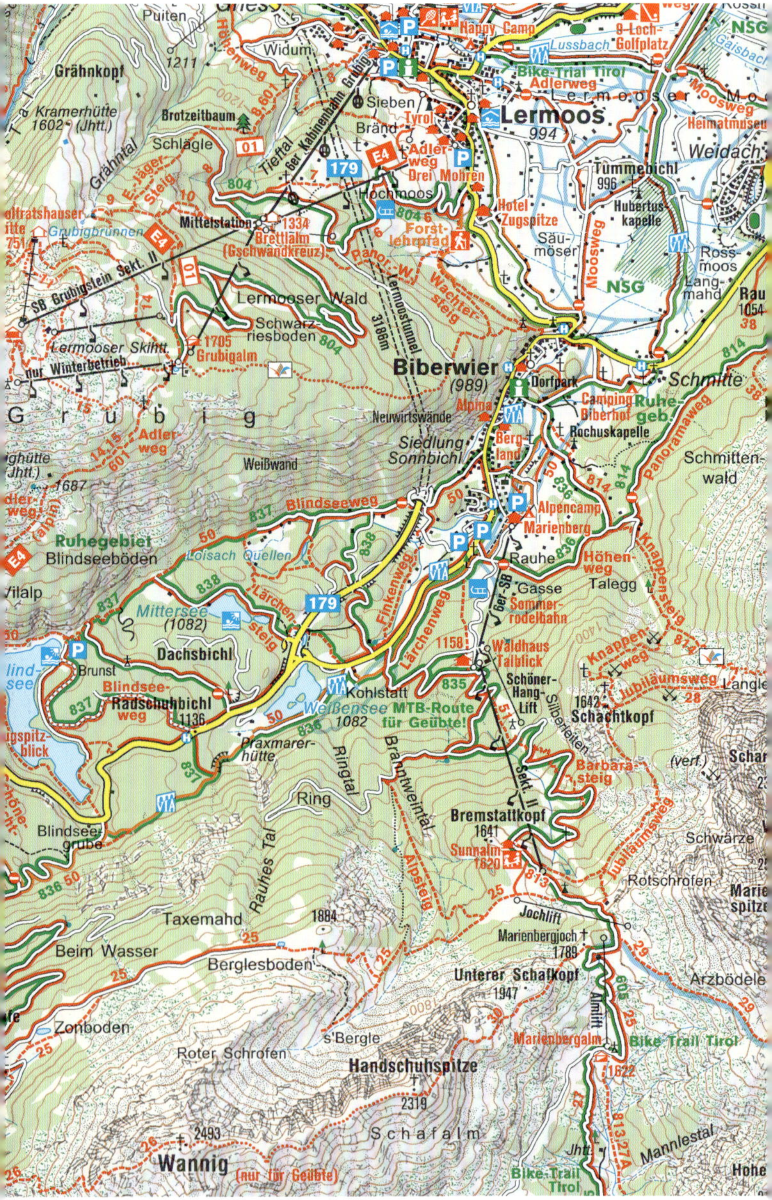

Puiten
Widum
Höhenweg
1211
Grähnkopf
Kramerhütte
1602 (Jhtt.)
Brotzeitbaum
Schlägle
Grähntal
E. Jäger-Steig
Mittelstation
1334
Brettlalm (Gschwandkreuz)
Grubigbrunnen
SB Grubigstein Sekt. II
Lermooser Wald
Schwarz-riesboden
1705
Grubigalm
Lermooser Skihtt.
nur Winterbetrieb
G r u b i g
Adlerweg
Weißwand
1687
Ruhegebiet
Blindseeböden
Loisach Quellen
Blindseeweg
Mittersee
(1082)
Dachsbichl
Brunst
Blindsee-weg
Radschuhbichl
1136
Praxmarer-hütte
Weißensee
1082
Kohlstatt
MTB-Route für Geübte!
Ringtal
Ring
Rauhes Tal
Branntweintal
Blindsee-grube
Taxemahd
1884
Beim Wasser
Berglesboden
Zonboden
Roter Schrofen
s'Bergle
Handschuhspitze
2319
S c h a f a l m
2493
Wannig
(nur für Geübte)
6er Kabinenbahn Grubig
Tieftal
Sieben
Bränd
Tyrol
Adler-weg
Drei Mohren
Hochmoos
Forst-lehrpfad
Panor.-W.
Wachter-steig
Lermoostunnel
3186m
Biberwier
(989)
Neuwirtswände
Siedlung Sonnbichl
Alpina
Berg-land
Finkenweg
Lärchenweg
Lärchen-steig
1158
Happy Camp
9-Loch-Golfplatz
Lussbach
Bike-Trial Tirol
Adlerweg
Lermoos
994
L e r m o o s e r M o
Moosweg
Heimatmuseu
Weidach
Tummebichl
996
Hubertus-kapelle
Hotel Zugspitze
Säu-möser
Mooosweg
NSG
Ross-moos
Lang-mahd
Rau
1054
Schmitte
Dorfpark
Camping Biberhof
Ruhe-geb.
Rochuskapelle
Panoramaweg
Schmitten-wald
Alpencamp
Marienberg
Rauhe
Gasse
6er-SB
Sommer-rodelbahn
Höhen-weg
Talegg
Knappensteig
Knappen-weg
Waldhaus Talblick
Schöner-Hang-Lift
Silberleiten
Jubiläumsweg
1642
Schachtkopf
Barbara-steig
Sekt. II
Bremstattkopf
1641
Sunnalm
1820
Jubiläumsweg
Schwärze
Rotschrofen
Jochlift
Marienbergjoch
1789
Unterer Schafkopf
1947
Almlift
Marienbergalm
1622
Bike Trail Tirol
Arzbödele
Mannlestal
Jhtt.
Bike-Trail Tirol
Hohe
179
E4

0 500 m

Ehrwald
START
Koppensteig
Bike Trail Tirol
Gaistaler Hof 1108
Ehrwalder-Alm-Bahn
Ehrwalder Alm 1502
Alpenglühen
Ganghofer Hütte
Immensteig
Unterstandshütte Ganghofers Rast
Koatiger Weg
Knappensteig
Adlerweg
Igelsee
Seebenalm 1575
Seebenklettersteig
Hoher-Gang-Steig
Rauher Kopf 1898
Seebensee
Sonnenspitzsteig (nur für Geübte)
Klettersteig Tajakante
Vorderer Tajakopf 2450
Hinterer Tajakopf 2408
Coburger Hütte
Drachensee (1874)
Vord. Drachenkopf 2303
Hint. Drachenkopf 2410
Ganghofersteig
Brendlsee 1903
Igelskopf 2224
verfallenes Bergwerk
Breitenkopfhütte
Igelskar
Brendlkar
Tajatörl 2259
M I E M I N G E
Grünsteinscharte 2272
Östliche Griesspitze 2747
Westliche 2741
Mitterspitzen 2701
Schoßkopf
Grünstein 2661
Höllreise
Gamsanger
verfallenes Bergwerk
Stöttltörl 2036
Stöttlreise
Wank Klettersteig
Wankspitze 2209
Klettergarten
Mittelbergle
Gacher Blick 1909
Wengebödele
Pfarrer-A.-Kathrein-Steig
Wetterspitze
Südliche Wetterspitze 2746
Wetterwandeck 2475
Südl. Schneeferner
Grüner Platz
Issentalköpflift
Hochbrandlift
Ger. Sesselbahn
Ganghoferblick
Kofeltal
Leitwald
Hocheggen
Koppenwald
Holzerwies
Lehner Wald
Wiesgrat
Buchenwald
Sonnenlift
Hof 1041
Altenmühlen
Obere Mähder
Lange Lähn
Hoher Gang
Seebenwände
nur für Geübte

6. Marienbergjoch, 1789 m und Höllkopf, 2194 m

Im Schatten des Grünsteins

Ausgangspunkt: Biberwier, Talstation der Seilbahn auf den Marienberg, 1020 m | **Charakter:** ohne Seilbahnunterstützung lange, leichte, aber beeindruckende Wanderung, die gute Kondition verlangt | **Einkehr:** Marienberghaus, Sonnalm, Waldhaus Talblick
Karte: KOMPASS Nr. 5

Leicht | 10,5 km | 1180 hm 1180 hm | 6,25 Std.

Der Höllkopf erhält, obwohl in der Nähe einer Seilbahn gelegen, im Sommer wenig Besuch. Trotz seines bedrohlich klingenden Namens bildet er kein besonders auffälliges Gipfelziel. Aber die Ausblicke zu den benachbarten wilden Felsenbergen der Mieminger Kette sind sehr beeindruckend. Und das rechtfertigt diese ausgedehnte Bergwanderung. Wer sich den langen Weg zum Höllkopf nicht zumuten will, kann den kleinen Schachtkopf, ca. 1600 m, zum Gipfelziel küren und über das Marienbergjoch wieder absteigen: eine nette Rundtour.

Wer es ganz bequem haben will, fährt mit der Seilbahn zum Gipfelhaus Marienberg und geht am breiten Weg in das Marienbergjoch hinauf.

Auch der mühsame Anstieg ohne Seilbahn beginnt an der **Talstation** und führt zunächst durch eine weite Wiese nach Südwesten zum Holzplatz und knickt an der Fahrstraße links ab. Er unterquert anschließend die Seilbahn und verläuft am Fahrweg zum Talegg. Bei der Straßenverzweigung am Talegg hält man sich rechts und verlässt die

Am Marienbergjoch

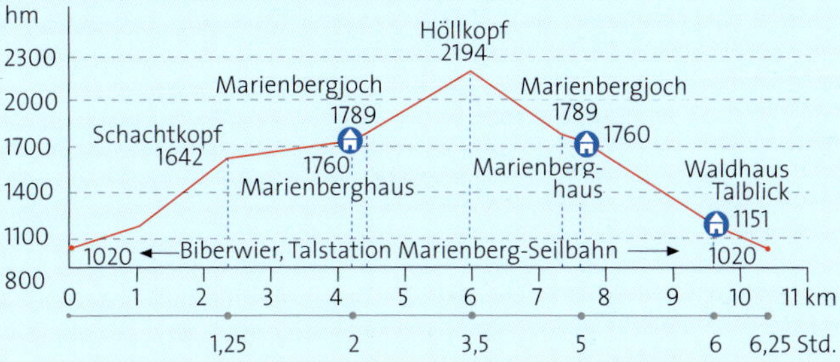

Straße in Richtung Biberwierer Scharte auf markiertem Wanderweg. Er heißt Knappensteig und steigt im Wesentlichen nach Süden an. Auf einer Höhe von ca. 1250 m gabelt er sich. Dort rechts halten und gegen Süden, später Westen gehen, dann wieder nach Süden an Abraumhalden und dem verfallenen Bergwerk unter dem **Schachtkopf** vorbei. Der Bergweg mündet in den Jubiläumsweg und quert eine breite Schuttreiße. In ihr wählt man die obere Trittspur, bis man zum Schlepplift kommt. Nun muss man weitgehend der Lifttrasse zum Berghaus Marienberg folgen. Von dort ist es nicht mehr weit in das breite **Marienbergjoch**. Aus ihm steigt man im Latschenhang ziemlich lange über das Arzbödele gegen Südosten mehrmals auf und ab und betrachtet respektvoll die scharf geschnittenen Felsenhänge am Grünstein. Schließlich wird das Hölltörl erreicht. Im Törl dreht man rechts ab und sprintet das letzte Stück etwa 10 Minuten lang munter gegen Süden zum **Höllkopf** hinauf.

Vom Gipfel geht es erst einmal auf der Aufstiegsroute in das **Marienbergjoch** zurück. Der Einfachheit halber nun dem Fahrweg zur Bergstation der Seilbahn folgen. Gleich unter der Seilbahnstation kann man links abbiegen und dem Sträßchen zur Talstation eines Schlepplifts folgen. Dort leiten Markierungszeichen nach rechts über eine feuchte Wiese zum sogenannten Alpsteig, einem breiten, bewaldeten Rücken, dem man bis zu einem Fahrweg ziemlich steil hinunter folgt. Am Fahrweg rechts halten und zur Mittelstation der Seilbahn und zum **Waldhaus Talblick**. Von dort ist es am Rande der Skipiste zum **Ausgangspunkt** nicht mehr weit hinunter.

Lermoos
994
Ehrwald
Biberwier
(989)
START
Tummebichl
996
Hubertuskapelle
Säumöser
Rossmoos
Langmahd
NSG
Rauher Bichl
1054
Lärchenwald
Bike-Trail Tirol
Schmitte
Maria-Regina-Bank
Lange Lahn
Rochuskapelle
Camping Biberhof
Ruhegeb.
Schmittenwald
Rauher Kopf
1898
Alpencamp Marienberg
Rauhe
Höhenweg
Talegg
Knappensteig
Gasse
Sommerrodelbahn
Waldhaus Talblick
Schöner-Hang-Lift
Knappenweg
Jubiläumsweg
Langlehn
Schachtkopf
1642
Sonnenspitze
2417
Seebensee
Sonnenspitzsteig (nur für Geübte)
Biberwierer Scharte
2000
Schartenkopf
2332
Coburger Hütte
Vord. Drachenkopf
2303
Barbarasteig
Bremstattkopf
1641
Sunnalm
1820
Wamperter Schrofen
2520
Schwärze
Hint. Drachenkopf
2410
Rotschrofen
Marienbergspitzen
2561
2661
Grünstein
Jochlift
Marienbergjoch
1789
Unterer Schafkopf
1947
Arzbödele
Hölltörl
2126
2194
Höllkopf
Marienbergalm
1622
Handschuhspitze
2319
Schafalm
Zäunkopf
2155
Hoher Kopf
2121
Mannlestal
Gampenköpfle
Weißensee
1082
Kohlstatt
MTB-Route für Geübte!
Praxmarerhütte
Ringtal
Ring
Brantweintal
Alpsteig
Rauhes Tal
1884
Lermooser Wald
Schwarzriesboden
Neuwirtswände
Siedlung Sonnbichl
Weißwand
Blindseeweg
Lärchensteig
Finkenweg
Lärchenweg
Hochmoos
Brettlalm (Gschwandkreuz)
1334
Hotel Zugspitze
Forstlehrpfad
Wachtersteig
Heimatmuseum
Weidach
Martinskapelle
Alter Mühlenweg Adlerweg
Panoramaweg
Mooswegg
Golfplatz
Bike-Trial Tirol
Adlerweg
Sieben
Bränd
Tyrol
Adlerweg Drei Mohren
s'Bergle
Schrofen
(nur für Geübte)
Almlift
Rifflertal
Buchenwald
Alten
Widum
KOMPASS
0 500 m

1808
Holzerwies
Koppenwald
Hocheggen
Leitwald
Lehnplatzletal
Kofeltal
Grüner Platz
W E T
2746
Südliche Wetterspitze
2868
Südl. Schneeferner
2394
2336
Wetterwandeck
2475
2698
2676
2680
Plattspitzen
2489
2483
Gatterlk
Fensterl
2474
Ganghofer-blick
Ger. Sesselbahn
Hochbrandlift
Bike Trail Tirol
813
Rappenbach
Ehrwalder-Alm-Bahn
801A,812
01
31 (Variante)
Ganghofer Hütte
Ehrwalder Alm
1502
Jhtt.
Adlerweg
Issentalköpfl
Issentalköpflift
1925
Hs. Wettersteinwand
Hochissental
Hochfeldernalm
1732
Alpenglühen
Obere Mähder
Geißbach
Immensteig
Koatiger Weg
Adlerweg
Knappensteig
1617
Pestkapelle
552
32
801A
Seebenwände
34,812
Unterstandshütte Ganghofers Rast
Bike Trail Tirol
1600
1518
Feldernalm
Igelseebach (Gaistalbach)
Seeben-Klettersteig
Igelsee
Adlerweg
551
23A,24,35
Seebenalm
1575
23A
812
G
Breitlahn
Wssf.
Ganghofersteig
Brendlsee
1903
Vorderer Tajakopf
2450
Klettersteig "Tajakante"
2224
Igelskopf
verfallenes Bergwerk
Breitenkopf
2469
2017
Breitenkopfhütte
Schwarzbachkar
Hinterer Tajakopf
2408
(1874)
Brendlkar
Igelskar
Tajatörl
2259
812
23
I E M I N G E R
2701
2688
Mitterspitzen
2768
Hochplattig
Alpischarte
2317
2272
2747
Östliche-Griesspitze
2741
Westliche-
Schneeferner
Schoßkopf
Plattig
Gamsanger
verfallenes Bergwerk
Klettergarten
Gacher Blick
1909
In der Jude
Judentörl
1935
Judenköpfe
2021
Stöttlreise
Mittelbergle
Wengebödele
Wssf.
Wank Klettersteig
16
1266
Jhtt.
Pfarrer-A.-Kathrein-Steig
15
Am Stöttl
Wank-Lehner
Henneberg
Iversenhütte (Jhtt.)
Ob. Stöttlbrücke

7. Hohe Munde, 2662 m

Aussichtswarte über dem Inntal

Ausgangspunkt: Buchensattel, ca. 1250 m; an der Straße aus der Leutasch Richtung Telfs, Parkplatz kurz nach der Passhöhe | **Charakter:** lange Aussichtstour mit Talhatscher aus dem Gaistal; Trittsicherheit unbedingt notwendig; ab dem Hauptgipfel Klettersteig | **Einkehr:** Rauthhütte, Gaistalalm | **Karte:** KOMPASS Nr. 5

Schwer | 21,5 km | 1500 hm / 1500 hm | 10 Std.

Die Hohe Munde springt jedem, der von Mittenwald Richtung Inntal fährt, sofort ins Auge. Dieser imposante Berg bietet neben einer fantastischen Aussicht auch eine spannende Überschreitungsmöglichkeit. Wegen der Ostausrichtung brennt die Sonne schon früh in den baumlosen Aufstieg; ein früher Aufbruch empfiehlt sich daher.

Vom **Parkplatz** folgt man der Beschilderung erst eben und etwas bergab durchs Katzenloch, dann im Mischwald zügig bergauf zur **Rauthhütte**. Dort ist die letzte Möglichkeit, die Trinkflasche aufzufüllen. Auf Wegspuren über Wiesengelände, das bald von Latschen abgelöst wird. Nach einem steileren Stück durch eine enge Rinne folgt Schrofengelände, durch das es in zahlreichen Serpentinen steil aufwärts geht. Dabei öffnen sich immer wieder Einblicke in die steil abfallenden Rinnen Richtung Inntal. Auf einmal taucht unerwartet das Plateau des **Ostgipfels** auf, der sich eindeutig durch den Sendemasten und ein beleuchtetes Kreuz identifizieren lässt. Nun muss man nordwestwärts etwas bergab die steilen Felsabbrüche umgehen, um dann wieder ansteigend immer an der Abbruchkante Richtung Inntal zum **Hauptgipfel** (Westgipfel) zu gelangen.

Dort folgt der Steig wieder Richtung Nordwesten dem Gratverlauf, bis man zu einer seilgesicherten Stelle kommt, wo ein Gratstück steil bergab südseitig umgangen wird. Im weiteren Verlauf folgt man wieder dem immer breiter werdenden Grat bis zur Abzweigung (Wegweiser) nach Norden ins Gaistal. Steil durch Latschengelände bergab, bis man das erfrischende Wasser der Leutascher Ache und die auf der gegenüberliegenden Seite verlaufende Forststraße im Gaistal er-

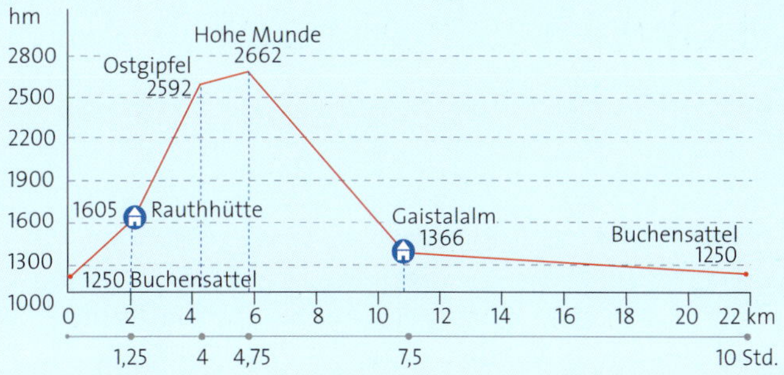

reicht. Nach einer Stärkung in der **Gaistalalm** ist auch der lange Talhatscher nach Obern hinaus noch zu schaffen.

Von dort geht man den weiten Weg über Moos und über schöne Wiesen zum **Ausgangspunkt** zurück.

Beim Übergang vom Mundekopf zur Hohen Munde

Hochfeldernalm
552
1518 Feldernalm
Adlerweg
551
801A
01
Bike Trail Tirol
Gaistalbach
23A
(Var.) Adlerweg
(Variante)
Jhtt.
Tillfussalm 1382
Ruhegebiet
Gaistalalm 1366
816
45
44
2234
Predigt
Kotbach
1600
1400
Leutascher Ache
1670
Tillfußkar
Schwarzbach
Schwarzbachkar
811, 8A, 22B
Hochwand
Hohe Wand
(Totenwand)
2719
2715
Karkopf
2469
Kl.-Karkopf
2241
1640
2059
Niedere Munde
8A
Alplscharte
2317
(nur für Geübte)
Adler-Klettersteig
23B
Klettergarten
Wetterkreuz 1920
Nied. Munde-Steig
1614
Scharnjoch
Hintereggensteig
Hintereggen
Strassberg
Alplbach
Judenköpfe 2021
Neue Alplhütte 1540
Alplhaus (DAV)
1368
8A, 811
Strassberghaus 1191
549
92
Schaferhütte 1409
Köllensperger Jhtt.
Klettergarten
Vorberg
17B
Grieslehen
Ochsenbründlsteig
Ochsenbründl
1178
974
Wendelinkapelle
15A
Strassbergweg
Zimmerbergklamm
Klammsteig
17B
964
Sagkapelle
580
1000
Jhtt.
16A
Zimmerberg
764
91
82, 20A
Angertal
Bergdoktorhaus
Lettenkapelle
Mieming
Rochuskapelle
872
10B
842
Bergdoktor Radweg
Alpinpark Angertal
Südtiroler Siedlung
Thöni
Annakapelle
Gerhardhof
800

0 500 m

Rossberg
2096
Jhtt.
Rotschrofen
Scharnitz
1753
Wangalm
1717
Wettersteinhütte
Wurziger Steig
2250
Jhtt.
Unteres Kirchl
1835
Sulzlehn
Gutwald
Runstfall
Schönegg
1624
Jhtt
1451
Jhtt.
Hämmermoosalm
1417
Kuchenegg
Tieftal
Winkelegg
1325
Oberleutascher Klamm
Klammbach
Ruhegebiet
Leu
Kirc
Adlerweg
Leitenb
Ganghoferweg
Salzbach
Ruhegebiet
Hütten-INFO
Parkplätze gebührenpfl.!
Klammer-Mähder
Plaikner
St. Josef
Plaik
Klamm
551
Bike Trail Tirol
Leutascher Ache
Adler-weg
Kalvarien-berg
Öfen
Zugspitze
Bichlwald
Needer
Mausel-steig
Obern
1176
Karwendel-hof
Hennen-gassl
Ehrenfried
Bike Trail Tirol
Tschopflehn
Moos
Mooser Weg
Obere Mähder
Mundenlehn
Rauthhütten-weg
Zugspitzblick
Hohe Munde
2662
Westgipfel
2592
Ostgipfel
Jht.
Rauthhütte
1605
Rappental
Hüttenrinner
2092
Inntalblick
Brünste
Hohe Klamm
Katzenloch
Ladstattwald
1247
Muggenmoos
Buchner
START
Jhtt.
Buchener Steig
1193
Schlagweg
886
Buchen
1210
Ropferstub'm
Bauernmuseum
Sonnenkultarena
Sonnplatzl-hütte
1358
Interalpen-Hotel Tyrol
Breitlehn
Kupf
985
Arzberg
1069
Erich-Scharntner-Steig
Arzbergklamm
Kochental
1028
Ropferswald
Lottenseehütte
1262
Jhtt.
St. Veit
861
Arzbergsiedlung
Bergwachtsteig
742
Hl. Maria
Birkenberg
Cafe Birkenberg
Brand
Hochleite
Hinter-berg
St. Georgen
Spidrich
Sagl
Bair-bach
876
Hag
Fernblick
Rest. Stefan
Mühltal
667

8. Eibseeumrundung, 1020 m

Aussichtsreicher Seerundweg

Ausgangspunkt: Eibseehotel, 980 m | **Charakter:** enorm beliebte und sehr einfache Rundwanderung mit vielen Rast- und Aussichtsplätzen und Badegelegenheit; Wanderung auch im Winter möglich (Eissport) | **Einkehr:** Eibseehotel (Übernachtung) am Ausgangspunkt | **Karte:** KOMPASS Nr. 4 oder 5

Leicht | 6 km | 50 hm 50 hm | 1,5 Std.

Der Eibsee, zu Füßen der Zugspitze gelegen, ist nicht nur für die Urlaubsgäste eine besondere Attraktion. Immer wieder zeigen sich auf dem leichten Spaziergang neue, eindrucksvolle Ausblicke, und auch die unmittelbare Umgebung des Sees ist staunenswert. Sie ist geprägt von schütterem Wald, bizarren Felsen und kleinen Seeaugen, die unvermittelt im Wald auftauchen. Wer der vorgeschlagenen Richtung folgt, wird anfangs, vom südlichen Seeufer aus, vornehmlich in die Ammergauer Alpen schauen, die sich im kristallklaren Wasser spiegeln. Am Rückweg, der dann auf der Nordseite des Sees überwiegend durch schütteren Wald führt, dominieren die Blicke zur markanten Zugspitze.

Übrigens, wenn die Tage heiß sind, kann man im Eibsee natürlich baden. Also das Badezeug nicht vergessen!

Vom Parkplatz (oder der Bushaltestelle) geht man am Sträßchen am **Eibseehotel** vorbei und zum See hinab. Bei der Wasserwachthütte endet die Asphaltdecke, und gleich dahinter gabelt sich die Route.

Der Rundweg führt nach rechts, dem Seeufer entlang, und schon bald erreicht die Promenade den **Frillensee**, der sich im morgendlichen Gegenlicht vor der Kulisse der scharf geschnittenen Waxensteine im dunklen Wald ausbreitet. Gleich dahinter kommt man zum Freibad. Anschließend verlässt der breite Spazierweg das Seeufer und steigt im Wald spürbar an. Dann schlängelt er sich durch ein paar breite Gräben, fällt etwas ab, steigt wieder an und erreicht die **höchste Stelle** der Wanderung auf rund 1020 m Höhe. In sehr geringem Gefälle kommt man schließlich wieder zum Seeufer und erreicht die westlichste Stelle des Uferwe-

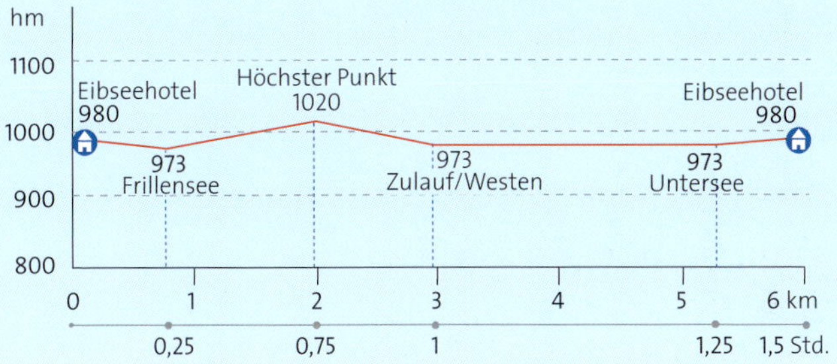

ges. Dort plätschert ein munteres Bächlein über einen netten Wasserfall herab und strömt dem See entgegen. Es ist der einzige bedeutende **Zufluss** des Sees.

Der Rundweg verläuft nun im Wald nach Osten weiter, gibt aber immer wieder sehr schöne Blicke zum Wasser hinunter frei, in dem sich nun die wilden Felsen der Nordabstürze der Zugspitze, der Riffelwandspitzen, der Riffelspitzen und der Waxensteine spiegeln. Auch kommt man beim Rückweg an den sieben kleinen Inseln im Eibsee vorbei. Am Braxensee führt unser Spazierweg nahe an eine eindrucksvolle Bucht heran, dann geht es in den Wald hinein und abermals zu einer Bucht, bis die Promenade beim **Untersee** auf einer schmalen Brücke eine Seeenge überspannt und nach einem geringen Anstieg wieder am **Ausgangspunkt** endet.

Eibseespiegel

KOMPASS

0 500 m

9. Zugspitze, 2962 m

Durch das Höllental

Ausgangspunkt: Hammersbach, 760 m | **Charakter:** sehr anspruchsvoll; Trittsicherheit, Schwindelfreiheit, beste Kondition und stabiles Wetter notwendig; Steigeisen und Klettersteigausrüstung empfehlenswert | **Einkehr:** Höllentalangerhütte; Münchner Haus (beide Übernachtung), Höllentalklamm-Eingangshütte | **Karte:** KOMPASS Nr. 5

Schwer | 8,5 km | 2200 hm 0 hm | 7,5 Std.

Wer kennt die Zugspitze nicht? Sie steht bei vielen Bergsteigern auf der Wunschliste ganz oben, und es führen mehrere Wege hinauf. Einer der schnellsten und wohl auch abwechslungsreichsten Zustiege ist der durch das Höllental.

Wie bei Tour 14 geht es durch die **Höllentalklamm** zur **Höllentalangerhütte**. Wer keine kleine Pause für ein zweites Frühstück einlegen möchte, lässt die Hütte links liegen und folgt dem Weg über eine Brücke Richtung Talschluss. Der Weg steigt nun stetig auf der rechten Talseite an und man fragt sich langsam, wo er wohl weitergehen wird. Zuerst ist noch ein guter Steig erkennbar, der später in Schrofengelände übergeht und etliche Steigspuren führen nach oben. Sie alle kommen bei leiterähnlichen Eisenstiften zusammen. Kurz darauf erreichen wir das „**Brett**". Dies ist die erste Schlüsselstelle dieser Tour. Stahlstifte, die in die glatte Wand gebohrt sind, ermöglichen das Weiterkommen. Kurz nach diesem alpinistischem Erlebnis wird das Gelände wieder etwas flacher und man hat einen Einblick auf das, was einen als nächstes erwartet. Durch Geröll führt uns der Weg nun im Zickzack an den Fuß des Höllentalferners. Wir überqueren diesen in einem leichten Rechtsbogen (Steigeisen!) und kommen zur Randkluft, die von Jahr zu Jahr breiter, tiefer und schwieriger wird. Dort wird der Einstieg zum **Klettersteig** erreicht, der letzten Herausforderung beim Aufstieg. Besonders an sehr belebten Tagen ist dort ein Helm dringend zu empfehlen.

Knapp eineinhalb Stunden müssen wir über die guten Griffe und Tritte kraxeln, bis der Gipfel zum Greifen nahe ist. Während dieser Kletterpartie laden auch immer

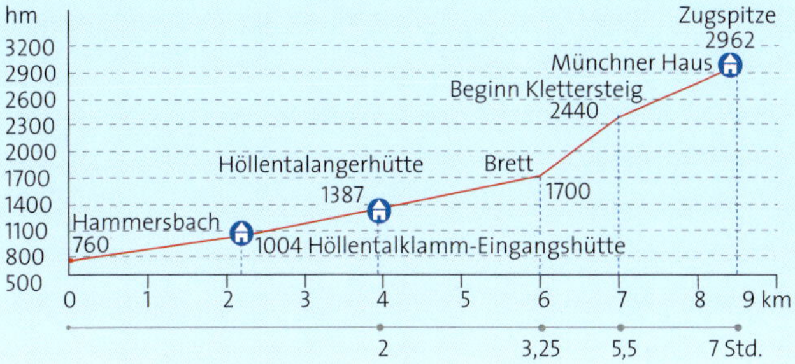

wieder die großartigen Tiefblicke Richtung Eibsee zu einer kurzen Verschnaufpause ein. Aber nicht zu lange, denn der Nächste wartet schon hinter uns. Am Ausstieg des Klettersteiges rechts halten in Richtung **Gipfelkreuz**. Ab dort sind es nur noch wenige Meter und man steht auf dem höchsten Punkt Deutschlands.

Wer nicht auf dem Anstiegsweg absteigen will, schwebt in 10 Min. mit der Gondelbahn zum Eibsee hinab und fährt mit dem Bus nach Hammersbach zurück.

Eibseeblick beim Abstieg von der Zugspitze

Griesen
816
Mießingberg
Zierwald
Gschwandeck
Gschwandwald
Vordermoos
Stanglmoos
Hintermoos
Zirmerskopf
1108
Unterwald
Wetterstein-Runde
Bei der Lacke
Aigen
Loisach
Hoher Seeberg
1343
Dalkenwald
Diensthütte
1121
Steinriglwald
Roßkopf
Untersee
Lärchwald
1014
Rohr
Eibsee-Rundwanderweg
Braxensee
Ludwiginsel
Sasseninsel
Maximilianinsel
Eibsee
Eibsee Hotel
Eibsee Pavillon
Eibseealm
Hochseil-Erlebnispark
Am Anwurf
Blaue Wand
Thörle-Runde
1484
1016
977
Frillensee
Schwarze Wand
den Thörlen
Thörlenweg
Vorderer Zugwald
1097
Schwarzwandl
1275
Eibseebahn
Zugspitz-Zahnradbahn
Bärenheim
Schönangerl
Aussichtspunkt-Eibseeblick
Oberleiten
1608
Kreuzleboden
Hochthörlehütte
1459
Seealpe Diensthütte
Hinterer Zugwald
2105
Riffelspitzen
Stallmösele
Thörlehütte
Hohes Egg
1626
Luttergrube
Bachtlgraben
Riffelhütte
Haltepunkt Riffelriß
1639
Riffelschartensteig
Hohe Riffel
Riffelscharte
2236
Tunnelfenster
2626
2543
2388
2177
Große-
Kleine-
Riffelwandspitze
Riffelköpfe
Kaiserköpfe
1228
Tiroler Zugspitzbahn
Stopselsteig
Wiener-Neustädter-Hütte
2213
Zugspitze
Höllentalferner
2962
Rest.
Bergl
2272
2007
Ehrwalder Köpfe
Tiefenter Wiesen
2600
Sonnenspitzl
Münchener Haus
Observatorium
Gletscherbahn
2763
Jubiläumsgrat
2816
Zugspitzeck
Umwelt Forschungsstation Schneefernerhaus
Schneefernereck
Weißes Tal
2741
2333
Gamskar
Georg-Jäger-Steig
E4 (Alpin)
01
Schneefernerscharte
2699
Sonn-Alpin
Nordalpenweg
Ehrwalder Almbahn

0 500 m

Höhenrainweg
Kriegerkapelle
Unter-grainau
Huberpark
Grainau
Schmölz
Hst. Obergrainau
Zugspitzbad
Evangel. Kirche
Ober-grainau
Kurhaus
START
Hst. Kreuzeck-Alpspitzbahn-Talstation
Kandahar
Aulealm
Katzenstein
ehemalige Bobbahn
Heissn Stuben
Hammers-bach
Zugspitzbahn
Osterfelderhof
Rießerkopf
Tonihütte
Kuhwaldl
Höhenweg Elbsee-Höllental
Stangen-wald
Waldeck
Kreuzeckbahn
Alpspitzbahn
Diensthtt.
Stegerwald
Kreuzeck
Waxensteinhütte (Alplehütte)
Henneneck
Rauhkopf
Kreuzeckhaus (Ad.-Zöppritz-Hs.)
Kreuzalm
Kreuzjochhaus (TVN)
Mandl
Höllental-eingangshütte
Zwölferkopf
Großer-
Kleiner-
Hinterer-
Mittagscharte
Höllental-klamm
Schwarzenkopf
Hupfleite
Hupfleitenjoch
Waxenstein
Stangensteig
Knappenhäuser
Osterfelderkopf
Höllentorkopf
Hochalm
Bernadeinsteig
Bernadeinhütte
Diensthütte
Stuibenwald
Höllentalangerhütte
Höllental-anger
Rinderweg
Osterfelder
Höllentor
Aschenkopfe
Bergwachthütte
Gassental
Schöngänge
Bernadeinwände
Alpspitze
Mitterkar
Mathaisenkar
Stuibensee
Grießkarscharte
Stuibenkopf
Grießkar
Hoher Gaif
Vollkarspitze
Außere-
Mittlere-
Jubiläumsgrat
Hochblassen
Blassenloch
Schützengufel
Höllentalspitze
Großer-
Kirchturm
Blassenkopf
Kleiner-
Schönberg
NSG
Quelle bei den

10. Zugspitze, 2962 m

Anstieg durch das Reintal

Ausgangspunkt: Garmisch-Partenkirchen, Olympia-Skistadion, 725 m | **Charakter:** extrem langer Anstieg; eine Übernachtung notwendig; besser zwei | **Einkehr:** Partnachalm; Reintalangerhütte (Übernachtung); Knorrhütte (Übernachtung); Restaurant Sonn-Alpin; Münchner Haus auf der Zugspitze (Übernachtung)
Karte: KOMPASS Nr. 5

Schwer | 35 km | 2250 hm / 2250 hm | 13,5 Std.

Von allen in diesem Führer vorgestellten Routen auf die Zugspitze ist die durch das Reintal die längste. Die Entfernungen sind einfach gigantisch, und wenn man sich den Aufstieg etwas erleichtern will, fährt man die Etappe bis fast zur Reintalangerhütte mit dem Mountainbike auf, wofür auch die angegebene Zeit gilt. Ohne Radunterstützung braucht man rund 2 Stunden länger! Die Tour wird man an einem Tag wohl kaum schaffen. Für den langen, mühsamen Weg wird man – gemessen an den übrigen Routen – mit etwas mehr Stille belohnt, denn die meisten Zugspitzstürmer tun sich den weiten Weg nicht an. Sie kommen entweder mit der Bergbahn herauf oder sie folgen einer der alternativen Routen, die ebenfalls in diesem Band vorgestellt sind.

Vom **Skistadion** geht man auf der Straße nach Südwesten zum Elektrizitätswerk und zur Gaststätte Lenz'nhütte. Die Straße quert die Partnach. Gleich hinter der Brücke biegt man rechts ab und folgt dem steilen Fahrweg zur **Partnachalm**. Nun führt die Route über den Hohen Weg in mehrmaligem Auf und Ab durch Wald und in einem weiten Bogen nach Südwesten. An der Verzweigung auf 1020 m Höhe nach rechts, in den Antoniwald hinein, den Sulzgraben queren und nach Süden auf und ab weiter. Bei der Abzweigung geradeaus und gleich darauf rechts zum Forsthaus. In der Wiese links halten, am schmalen Fahrweg zur Bodenlaine hinab, dann wieder steil hinauf, in etlichen Kehren etwas abwärts und zum breiten Fahrweg im Reintal. Wer nicht mit dem Rad unterwegs ist, folgt bis hier der Route durch die eindrucksvolle Partnachklamm und dann immer dem Weg an der Partnach entlang. Auf ihm gegen Süden zum Umschlagplatz für die Reintalangerhütte.

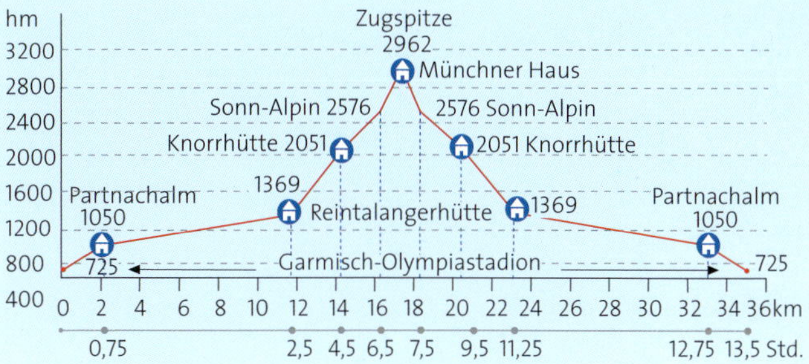

Die Straße endet und ein guter Weg führt über der Hinterklamm gegen Süden weiter. Ein Stück weit führt er steil hinab, schmiegt sich auf einem Holzsteg an steile Hänge und stößt schließlich zur Partnach. Nun folgt man immer dem Bach, passiert die Bockhütte und geht gegen Westen an den Blauen Gumpen vorbei, durch eine Reiße unter dem Hochblassen, zum Wasserfall und endlich zur **Reintalan-**

Die Reintalangerhütte

Massenandrang auf der Aussichtsplattform der Zugspitze

gerhütte. Hinter der Hütte geht es noch etwas durch schütteren Wald, auf einem Steg über die Partnach, über einen weiten, grünen Boden und dann in grobes Blockwerk. Dort mündet auch eine gefährliche Lawinenreiße vom Gatterl herunter.

Der markierte Steig schlängelt sich durch Buschwerk, schwingt sich auf, wendet sich nach Nordwesten und wird ziemlich steil und felsig. Er windet sich neben eindrucksvollen Felsenwänden mühsam hinauf und gabelt sich. Der linke Wegast trägt die Bezeichnung Felsensteig, steigt gegen Westen, später Nordwesten an, führt am Veitelbrünnl vorbei und stößt schließlich zur **Knorrhütte**. Oberhalb der Knorrhütte kommt man aufs Platt. Dort wird der Anstieg, der noch kurz nach Norden, dann immer gleichmäßig nach Westen hinaufleitet, ziemlich trist und monoton, bis er endlich nach stundenlangem Trott am **Sonn-Alpin**-Restaurant vorbei in einen steilen, arg ungemütlichen Schutthang führt. Man plagt sich durch das Geröll hinauf, kommt immer mehr in felsiges Gelände und hält sich bei Bedarf an den Drahtseilen fest. Schließlich wird der Wettersteingrat erreicht. Nun dem Grat gegen Nordosten bis zum Münchner Haus folgen. Von der übervölkerten Plattform geht man zum Gipfelsteig hinunter, auf einer Leiter hinauf, biegt rechts ab, und gleich darauf steht man dann auf dem höchsten **Gipfel** Deutschlands.

Für den Abstieg hat man neben der Rückkehr auf dem selben Weg viele Möglichkeiten. Die einfachste ist die Abfahrt mit einer der Bergbahnen. Es bieten sich aber auch die Routen 9, 11 oder 12 an.

Gschwandeck
Zierwald
Vordermoos
Zirmerskopf
Unterwald
Lärchwald
Rohr
Eibsee
Eibsee-Rundwanderweg
Ludwiginsel
Sasseninsel
Maximilianinsel
Braxensee
Untersee
Roßkopf
Steinriglwald
Dalkenwald
Diensthütte
Eibsee Hotel
Eibsee Pavillon
Eibseealm
Hochseil Erlebnispark
Frillensee
Schwarze Wand
Vorderer Zugwald
Hinterer Zugwald
Eibseebahn
Zugspitz-Zahnradbahn
Seealpe Diensthütte
Hochthörlehütte
Stallmösele
Hohes Egg
Luttergrube
Riffelhütte
Haltepunkt Riffelriß
Riffelscharten-steig
Hohe Riffel
Riffelscharte
Riffelspitzen
Tunnelfenster
Große-
Kleine-
Riffelwandspitze
Riffelköpfe
Kaiserkopf
Stopselsteig
Wiener-Neustädter-Hütte
Zugspitze
2962
Münchener Haus
Observatorium
Gletscherbahn
Umwelt-Forschungsstation Schneefernerhaus
Schneefernereck
Sonnenspitzl
Zugspitzeck
Sonn-Alpin
Bhf. Zugspitzplatt
Nördl. Schneeferner
Schneefernerkopf
Schneeferner-steig
Sonnenkarlift
Schlepplift Weißes Tal
Brunntallift
Auf dem Platt
Nördliche Wetterspitze
Doppelschlepplift
Wetterwandeck
Südl. Schneeferner
Südliche Wetterspitze
Plattspitzen
Gatterlköpfe
Gatterl
Feldernjöchl
Brunntal
Diensthütte
Plattsteig
Knorrhütte
2051
Nordalpenweg
E4 (Alpin)
01
801
Veitlsbrunnl
Partnach-ursprung
Gsundbrunnl
Reintalangerhütte
Brunntalkopf
Hoher Kamm
Kleinwanner
Hochwanner
Höllentalspitze
Innere-
Mittlere-
Äußere-
Höllentalgrathütte
Vollkarspitze
Hochblassen
Blassenkopf
Großer-
Kirchturm
Kleiner-
Jubiläumsgrat
Gamskar
Weißes Tal
Bergl
Höllental-kar
Höllental-anger
Höllentalangerhütte
Brett
Mitterkar
Mathaisenkar
Alpspitze
Grießkarscharte
Höllentorkopf
Osterfelderkopf
Rinderweg
Höllentor
Knappenhäuser
Hupfleitenjoch
Schwarzenkopf
Höllental-eingangshütte
Höllentalklamm
Waxenstein
Schönangerspitze
Schöneckspitze
Hinterer-
Zwölferkopf
Großer-
Kleiner-
Mittagscharte
Bärenheimatkopf
Bärenfalle
Mandl
Waxensteinhütte (Alplehütte)
Riffelwald
Stangenwald
Kuhwald
Höhenweg Eibsee-Höllental
Rahm
Am Anwurf
Neuneralm
Aigen
Hinterbühl
Badersee
Zugspitzbad
Kurhaus
Obergrainau
Untergrainau
Grainau
Hammersbach
Zugspitzbahn
Heissn Stub'n
Waldeck
Henneneck
Alpspitzbahn
Schmölz
Breitenau
Höhenrainweg
Kriegerkapelle
Am Zierwald
Rosensee
Evangel. Kirche
Huberpark
Hst. Obergrainau
Hst. Kreuzeck Alpspitzbahn-Talst.
Osterfelderbahn
Bei der Lacke
Loisach
Gschwandwald
Wetterstein-Runde
Griesbergalpe
Griesberg
Rauheck
Rauhenstein
Laimeck
Lenzbödele
Ochsenhütte
Roßböden
Auf den Wasserfällen
Bei der Kuffel
Grießwald
Militärgelände
Kramer-Plateauweg
Herrgottschrofen
Tierheim
Zunderkopf
23

START
Kriegerkapelle
Werdenfels-museum
Olympia-Eisstadion
Gamshütte
Eckenhütte
Schlattan
Höfle
Pfeiferalm
Vogelschutz-warte
Schöne Aussicht
Anzlesau
Klinikum
Kainzenbad
Wamberg
Hausberg
Kochelberg
Skischule
Rieß
Kochelbergalm
Olympia-Skistadion
Lenz'nhütte
Gudiberg
Schönau
Eselberg
Eckbauerbahn
Katzenstein
Aulealm
Petersbad
Rießerkopf
Vorderer Hausberg
Fuchslern
Hausbergbahn
Wildenau
Hanneslabauer
Forsths. Graseck
Vorder-graseck
Eckbauer
Draxlerweg
Brunstwank
Dienst-Hütte
Rießerkopfhütte
Tonihütte
Bayernhaus
Garmischer Haus
Drehmöser 9
Wettersteinalm
Sattlerhütte
Partnachalm
Partnachklamm
Hinter-
Mitter-
Streichla
Ferchenbach
Stegreif
Tröglhütte
Kreuzwankl-bahn
Drehmöserwald
Hoher Weg
Ochsenweg
Kälbersteig
Stellwagelskopf
Kreuzalm
Kreuzjoch
Kreuzjochhaus (TVN)
Am schwarzen Schrofen
Steilenhütte
Antoniwald
Reintal
Schindeltal-schrofen
Ebenwald
Klausengraben
Bannholzweg
Stuibenwald
Bernadeinhütte
Spitzwaldgraben
Spitzwald
Kellschrofen
Windfallhütte
Mitter-klamm
Gassental
Stuibenhütte (Selbstversorgerhütte-nur Winterbetrieb)
Stuibenalm
Schachenwald
Steilenberg
Kämikopf
Kamialm
Kämitorkopf
Wettersteinalm
Hinter-klamm
NSG
Stuibenspitze
Stuibenkopf
Hoher Gaifkopf
Schachenweg
Schachentorkopf
Schachensee
Bockhütte
Hochempelhütte
Botan. Alpengarten
Schachenhaus (Königshaus)
Hirschbichlkopf
Wettersteinkopf
Musterstein
Frauenalpispitz
Teufelsgass
Meilerhütte
Törlspitzem
Signalgipfel
Bayerländerturm
Mustersteinhütte
Bergleintal
Quelle bei den sieben Sprüngen
Oberreintal
Frauenalpl
Partenkirchner Dreitorspitze
Gamsanger
Großer Hundsstall
Kl. Hundsstallkopf
Oberreintalhütte (Franz-Fischer-Hütte) (Selbstversorgerhütte-nur Sommerbetrieb)
Hermann-von-Barth-Weg
Leutascher Platt
Öfelekopf
Berglegg
Leutascher Dreitorspitze (Karl-Sp.)
Schützensteig
Biwakschachtel
Schüsselkarspitze
Klettergarten "Chinas, Mauer"
Hinterreintalschrofen
Oberreintalschrofen
Scharnitzspitze
Teufelsk.
Hundsstallköpfe
Puittal
Kamplgrat
Puitegg
Ruhe-

11. Zugspitze, 2962 m

Anstieg auf dem Stopselsteig

Ausgangspunkt: Ehrwald, Talstation der Tiroler Zugspitzbahn, 1228 m | **Charakter:** langer Klettersteig, teilweise ausgesetzt; Trittsicherheit, Schwindelfreiheit, beste Kondition und stabiles Wetter sind notwendig | **Einkehr:** Wiener-Neustädter-Hütte , Münchner Haus auf der Zugspitze (beide Übernachtung) | **Karte:** KOMPASS Nr. 5

Schwer | 4 km | 1740 hm, 0 hm | 5 Std.

Auf die Zugspitze gibt es neben zwei Seilbahnen und einer Zahnradbahn auch etliche Anstiegsrouten. Alle sind lang und mühsam, zum Teil aber landschaftlich großartig. Die hier vorgestellte Route, die bis kurz unter den Gipfel verläuft, hat den großen Vorteil, dass sie fast bis Mittag im Schatten liegt, also ideal für heiße Sommertage. Dennoch heißt es mit den Kräften haushalten.

Vom **Parkplatz** bei der Tiroler Zugspitzbahn oberhalb von Ehrwald gegen Osten, dann nach Südosten schwenken und auf der Skipiste am Binderweg hinauf. Der breite Pistenhang schwingt sich steil auf, dreht links ab und schnürt sich dann im Jungwald zu einer Schneise zusammen. Vor den bewaldeten Felsaufschwüngen der Ehrwalder Köpfe dreht die Piste rechts ab und gleich darauf zweigt nach links ein Steig ins Latschenbuschwerk ab. Der nun stramm ansteigende Bergweg quert nochmals die Skiabfahrt, steigt im Latschenbuschwerk weiter an, stößt auf die

Im Stopselzieher

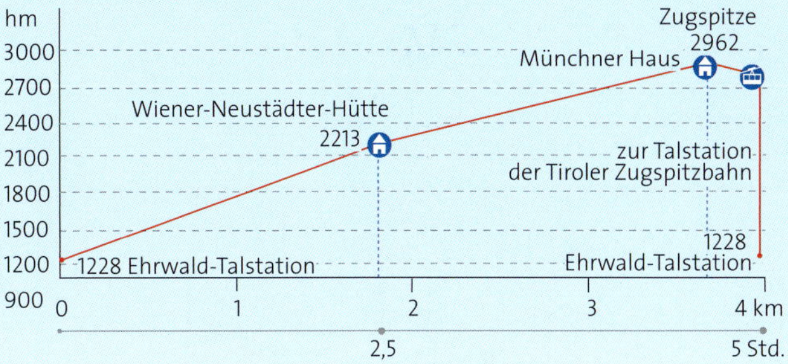

direkte Route von Ehrwald herauf (Georg-Jäger-Steig) und führt in die ausgedehnten Geröllfelder des Gamskars hinein. Zwischendurch gelangt man in Latschenbänder und Wiesenhänge, geht am Brunnen vorbei und in fast endlosen Kehren zur Gratkante hinauf, die bei der Seilbahnstütze erreicht wird. Nun an der Grathöhe rechts abdrehen und an kurzen Stellen am Drahtseil gegen Osten weiter.

Am stellenweise seilgesicherten Bergweg auf der linken (der nördlichen) Seite des Gratrückens weiter, rechts abdrehen und zur **Wiener-Neustädter-Hütte**. Unmittelbar vor der Hütte dreht die Route links ab, quert Schnee- und Geröllfelder und führt an steil aufragende Felsen heran. Dort beginnt auf ca. 2300 m Höhe ein Klettersteig. Anfangs ist die Steiganlage recht leicht zu bewältigen. Sie führt durch einen eindrucksvollen Felsentunnel, den sogenannten „Stopselzieher" und dann auf dem Stopselsteig sehr steil eine Felsenwand hinauf. Darüber kommt eine längere Etappe ohne Drahtseilgeländer, ehe man sich immer wieder am Kabel festhalten kann. Schließlich wird nach einem langen, mühsamen Anstieg der Wettersteingrat erreicht. Auf ihm dreht man links ab und geht über den Grat, der zugleich die Staatsgrenze bildet, an Antennenanlagen vorbei zum **Münchner Haus** hinauf.

Dort sucht man sich einen Durchschlupf durch die Seilbahntouristen, geht zum Gipfelsteig hinab, über eine Leiter hinauf, biegt rechts ab und folgt dem kurzen Grat zum **Kreuz** auf Deutschlands höchstem Punkt. Bis zur Seilbahnstation geht man am Gipfelsteig zurück und fährt mit der Tiroler Zugspitzbahn für teures Geld zum Ausgangspunkt zurück.

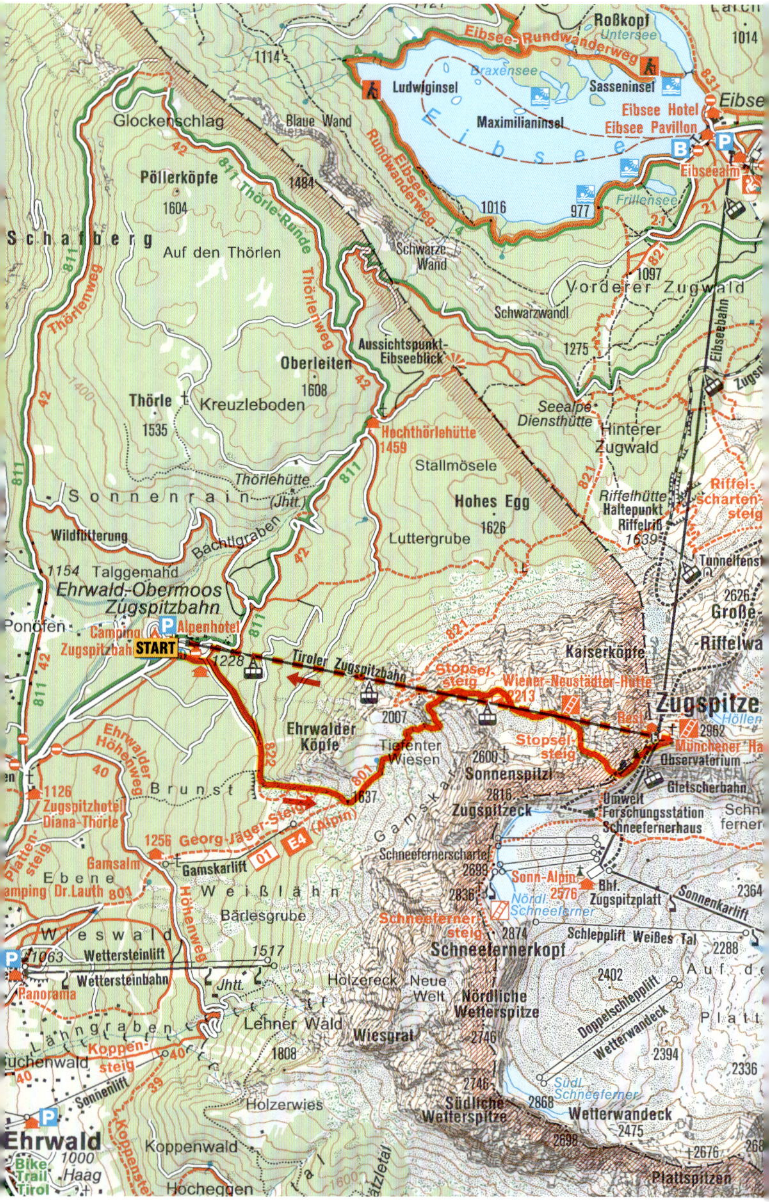

KOMPASS

0 500 m

Rohr
Neuneralm
Rahm
Am Anwurf
Kuhwaldl
Höhenweg
Eibsee-Höllental
1003
831
831A
832
833
1077
973
Stangen
Riffelwald
1384
Waxensteinhütte
(Alplehütte)
Waldeck
1238
Diensthtt.
Alpspitzbahn
Rauhkopf
1621
1651
Kreuzeckhaus
(Ad.-Zoppritz-Hs.)
Henneneck
1492
Bärenheimatkopf
1147
1617
Bärenfalle
Mandl
1889
Zwölferkopf
Großer-
2226
2136
Kleiner-
Höllental-
eingangshütte
Hupfleite
1630
Schöneckspitze
2277
2072
Höllental-
klamm
Schwarzenkopf
Hinterer-
Mittagscharte
Schönangerspitze
Waxenstein
1819
Hupfleitenjoch
2264
2105
Stangensteig
Knappenhäuser
Osterfelderkopf
1703
Hochalm
Marienspung
Riffelspitzen
Höllental
Höllentalangerhütte
1387
Höllentorkopf
2150
Bergwacht
1851
2262
2242
Riffel-
scharte
Höllental-
anger
Rinderweg
Höllentor
Osterfelder
Aschenköpfe
Brett
Wasserf.
894
Schöngänge
2177
1790
Höllental-
kar
1948
Mathaisenkar
Alpspitze
2143
2388
Riffelköpfe
1989
Mitterkar
2628
834
2237
1921
Grießkarscharte
2463
Grießkar
2039
Bergl
2272
Höllentalgrathütte
2684
Vollkarspitze
2618
2703
Hoher Gaif
2288
2763
Mittlere-
Äußere-
2720
Jubiläumsgrat
Hochblassen
2421
2743
Blassenloch
1853
Schütze
Jubiläumsgrat
Innere-
2651
-Höllentalspitze
2741
Weißes Tal
2333
Gamskar
Kirchkar
Großer-
2515
Vollkar
-Kirchturm
Blassenkopf
2368
Kleiner-
Schützensteig
NSG
E4 (Alpin)
01
Brunntalkopf
2301
Knorrhütte
2051
2263
1600
1800
Rein
Brunntal
1998
Veitelsbrünnl
Gsundbrünnl
1369
1260
1220
Blaue G
Partnach-
ursprung
Reintalangerhütte
801
815
816
Plattsteig
1839
Diensthütte
1997
Im Fall
2406
Fensterl
Gatterl
2024
Gatterlköpfe
Hoher Kamm
2376
Kleinwanner
2548
2572
Hochwanner
2744

12. Zugspitze, 2962 m

Anstieg übers Gatterl

Ausgangspunkt: Ehrwald, Talstation der Ehrwalder Almbahn, 1100 m | **Charakter:** Gewalttour; Trittsicherheit und Schwindelfreiheit beim Gipfelanstieg erforderlich. Die lange, Kraft raubende Etappe über das Platt ist monoton. | **Einkehr:** Ehrwalder Alm, Knorrhütte und Münchner Haus auf der Zugspitze (alle mit Übernachtung); Hochfeldernalm, Sonn-Alpin | **Karte:** KOMPASS Nr. 5

Schwer | 23 km | 2100 hm / 2100 hm | 13 Std.

Der höchste Deutsche Gipfel ist ja für Naturfreunde nicht besonders verlockend. Zu viele technische Anlagen garnieren den Höhepunkt und zu viele Menschen, die eigentlich dort nicht hingehören, kommen mit den Bergbahnen herauf. Aber irgendwie reizt der Berg halt doch, als Gipfel der Superlative. Der schönste Weg kommt durch das Höllental herauf, der schnellste über die Wiener-Neustädter-Hütte, der bequemste durch das Reintal und der einfachste über das Gatterl. Landschaftlich darf man sich nicht zu viel erwarten. Vor allem am Platt, über der Knorrhütte, ist die Berggegend nicht sehr einladend.

Von der **Talstation** der Ehrwalder Almbahn erreicht man zu Fuß am Wiesenweg, mit dem Rad auf der Asphaltstraße oder bequem mit der Seilbahn die **Ehrwalder Alm**. Kurz vor dem Gasthaus Alpenglühen zweigt man am Fahrweg links ab und folgt ihm gering ansteigend gegen Osten bis zur Wegverzweigung (evtl. Raddepot). Dort nach links und auf der Skipiste zur **Hochfeldernalm** hinauf. Unmittelbar vor der Jausenstation links abdrehen und dem Weglein über stark geschundene Bergweiden und durch Latschengürtel zum **Brand** folgen. Nun links halten und gering abfallend zur Wegverzweigung am Feldernjöchl und weiter abwärts zur tiefsten Stelle vor dem Gatterl. Jetzt steil am Drahtseil zum **Gatterl** hinauf, wo zum Gedenken an die Lawinenopfer vom 20.12.1952 jährlich am zweiten Septembersonntag die Gatterlmesse stattfindet. Durchs Gatterl und am Plattsteig in ständigem Auf und Ab ungemütlich dahin, an einer Diensthütte vorbei und zur **Knorrhütte**. Dort links schwenken und am monotonen Platt lange gegen Westen in trister Berggegend und in praller Sonne dahin. Dabei über einige Firnfelder und an den letz-

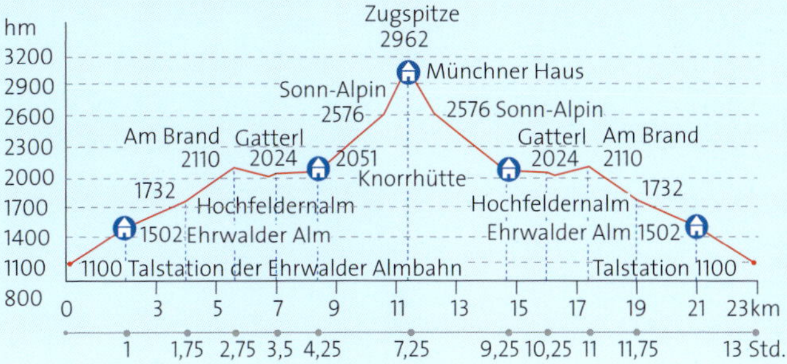

ten Aufschwung in der Nähe des Restaurants Sonn-Alpin heran. Nach mühseliger Schotteretappe geht es am Drahtseil über eine längere Felspassage zum Wettersteingrat hinauf. Auf ihm an Antennenanlagen vorbei zum Münchner Haus hinauf. Dort zum Gipfelsteig hinab, über eine Leiter hinauf, rechts ab und am kurzen Grat zum **Gipfelkreuz**.
Rückweg über die Aufstiegsroute.

Das Gatterl

Ehrwald-Schanz
1154 Talggemahd
Ehrwald-Obermoos
Zugspitzbahn
Alpenhotel
Camping Zugspitzbahn
1228
Tiroler Zugspitzbahn
Althüttenboden
Schanzrain
Schanzsteig
Ponofen
Böser Tritt
Häselgehralpe 1108
Häselgehrbach
187
Ehrwalder Köpfe
Wald
Höhenrein
Ehrwalder Höhenweg
1476
Schrofen-Jhtt.
Pflanzgarten
1126 Zugspitzhotel Diana-Thörle
Brunst
St.Anna-Kapelle 1000
1256 Georg-Jäger-Steig E4 (Alpin)
Ruhegebiet
Plattensteig
Gamsalm
Gamskarlift
01
Karlesbach
Schrofenwald
Ebene
Weißlähn
Camping Dr.Lauth
801
Höhenweg
Bärlesgrube
Bhf.Ehrwald-Zugspitzbahn
Wieswald
964
1063 Wettersteinlift
1517
Josefskapelle
Wettersteinbahn
Panorama
Jhtt.
Holzer
Moosweg
Rossmoos
NSG
Lähngraben
Lehner Wald
9-Loch-Golfplatz
Gaisbach
Plattenweg
Koppensteig
Lussbach
Buchenwald
1808
Bike-Trial Tirol
Adlerweg
Lermooser Moos
Sonnenlift
Holzerwies
Lermoos
994
Heimatmuseum
Ehrwald
1000
Koppenwald
Weidach
Martinskapelle
Haag
Tummelbichl
996
Geißbach
997
Bike-Trail Tirol
Hocheggen
Hubertuskapelle
Hof 1041
Leitwald
Säumöser
Alter Mühlenweg
Adlerweg
Hofkapelle
Gaistaler Hof 1108
Bike Tail Tirol
Rossmoos
Langmahd
Panoramaweg
START
Rappenbach
Ehrwalder Alm
Rauher Bichl 1054
NSG
Lärchenwald
Altenmühlen
801A/812
Bike-Trail Tirol
31 (Variante) Gaughofer
Schmitte
Obere Mähder
Dorfpark
Camping Biberhof
Ruhegeb.
Maria-Regina-Bank
Immensteig
Rochuskapelle
Lange Lähn
Hoher Gang
Seebenwände
Schmittenwald
Panoramaweg
Hoher-Gang-Steig
34,812
Rauher Kopf 1898
Seeben-Klettersteig
Alpencamp Marienberg
Seebenbachfall
Seebenalm 1575
Höhenweg
nur für Geübte
Talegg
Knappensteig
Jhtt.
Seebensee
1657
2417
Knappenweg
Sonnenspitze
Sonnenspitzsteig (nur für Geübte)
Hoher
Vorderer Tajakopf
Jubiläumsweg
Langlehn
Lehner
Klettersteig "Tajakante"
2450
1642 Schachtkopf
Biberwierer Scharte
Ganghofersteig

Zugspitze
2962
Münchener Haus
Observatorium
Gletscherbahn
Umwelt Forschungsstation Schneefernerhaus
Schneefernereck
Tunnelfenster
Große-
Kleine-
Riffelwandspitze
Riffelköpfe
Kaiserköpfe
Stopselsteig
Wiener-Neustädter-Hütte
2213
Höllentalferner
Höllentalkar
Bergl
2272
Höllentalgrathütte
2684
Mittlere-
Äußere-
Innere-
Höllentalspitze
Jubiläumsgrat
Weißes Tal
Sonnenspitzl
Zugspitzeck
Sonn-Alpin
2576
Bhf. Zugspitzplatt
Nördl. Schneeferner
Schneefernerkopf
Nördliche Wetterspitze
Südliche Wetterspitze
Südl. Schneeferner
Sonnenkarlift
Schlepplift Weißes Tal
Brunntallift
Doppelschlepplift Wetterwandeck
Wetterwandeck
Auf dem Platt
Brunntal
E4 (Alpin)
801
01
Nordalpenweg
Knorrhütte
2051
Brunntalkopf
Veitelsbrünnl
Partnach-ursprung
Plattsteig
815,816
Diensthütte
Fensterl
Gatterl
2024
Feldernjöchl
2045
Plattspitzen
Gatterlköpfe
Hoher Kamm
Gamskar
Kirchkar
W E T T E R
Grüner Platz
Issentalköpfl
1925
Am Brand
Hochwannigkopf
2234
Feldernertal
Hochissental
Hochfeldernalm
1732
Hs. Wettersteinwand
Issentalköpfllift
Hochbrandlift
Adlerweg
Alpenglühen
Pestkapelle
1617
Koatiger Weg
Knappensteig
Bike Trail Tirol
Feldernalm
1518
801A
552
551
23A,24,35
Igelseebach (Gaistalbach)
Igelsee
Gaistalbach
23A (Variante)
Igelskopf
2224
verfallenes Bergwerk
Breitenkopf
Schwarzbach
Breitlahn
1670

13. Riffelspitze, 2262 m und Hohe Riffel, 2236 m

Gewaltige Rundtour für Konditionsstarke

Ausgangspunkt: Hammersbach, 760 m | **Charakter:** lang und anstrengend; Trittsicherheit und Schwindelfreiheit unerlässlich (Klettersteig) | **Einkehr:** Höllentalklamm-Eingangshütte, Höllentalangerhütte (Übernachtung) | **Karte:** KOMPASS Nr. 5

Schwer | 16 km | 1500 hm / 1500 hm | 8,5 Std.

Von **Hammersbach** geht's neben dem Hammersbach zunächst relativ flach, dann am groben, breiten Weg in Kehren steil durch den Wald hinauf, an der Talstation der Materialseilbahn vorbei und zur **Höllentalklamm-Eingangshütte** (Eintritt; Ermäßigung für AV-Mitglieder mit Ausweis). Regenbekleidung anziehen, dann den recht spannenden Klammsteig hinauf und an den Ruinen der alten Berg- und Kraftwerksanlage vorbei.

Durch das Höllental weiter, an der **Höllentalangerhütte** vorbei und an die Steilstufe unter der Hühnerleiter heran. In den Hängen zweigt nach rechts der beschilderte Steig zur Riffelscharte ab. Auf ihm nun entlang den Markierungszeigen relativ steil anfangs gegen Norden hinauf, dann gegen Westen – zwischendurch zwei Mal am Drahtseil – und zum Verbindungsweg Richtung Waxensteine. Dort links schwenken, durch ein Geröllfeld und in ein stilles Kar hinein. Dort bleiben die Winterschneelawinen bis weit in den August hinein, manchmal auch das ganze Jahr über liegen.

Der Weg schlängelt sich in angenehmer Steigung zur **Riffelscharte** hinauf. Wer Mut hat, dreht in der Scharte rechts ab und folgt Trittspuren, die gegen Nordosten ansteigen. Sie führen über griffigen Fels auf eine Graskante zu, drehen dort links ab und steigen abermals im Fels zur Südlichen Riffelspitze an. Wer lieber auf einer einfachen Route einen Gipfel erreichen will, dreht in der Riffelscharte links ab und geht knapp 10 Minuten weglos, aber leicht auf den steinigen Grashängen zur **Hohen Riffel** hinauf.

Von der Riffelscharte am Weglein gegen Westen noch ein wenig aufsteigen, dann in die scharf gegen Norden abbrechenden Felsenhän-

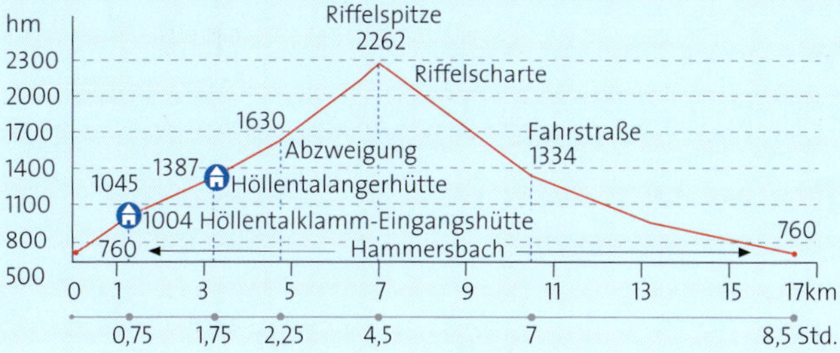

ge hinein. Nahezu durchgehend am sicheren Drahtseil zu einer schmalen Lawinengasse hinab. Meist muss man dort ein Schneefeld queren. Vorsicht, wenn der Firn hart ist! Anschließend rechts abdrehen und steil durch ein langes Geröllfeld auf den Schuhen abfahren, bis der Bergweg etwas links abdreht und in Latschenbuschwerk und schütterem Wald unter der Seilbahn in vielen Kehren abfällt. Bei der Wegverzweigung auf etwa 1680 m Höhe rechts schwenken und am schmalen Bergweg in der Nähe der Seilbahnkabel auf der Kanaltrasse talwärts.

Schließlich stößt man zu den Schienen der Zahnradbahn, wo man sich einen alten Steig sucht, der im Wald steil abfällt, bis er wieder eine Fahrspur (Kanaltrasse) erreicht. Auf ihr zu einer breiten **Fahrstraße** hinab. Dort rechts abbiegen, über die Schienen der Zahnradbahn und dem schmalen Sträßchen lange durch den Riffelwald folgen, bis es eine breite Fahrstraße quert. Von nun an folgen wir dem breiten, gut beschilderten Wanderweg zunächst in Richtung Höllental, dann in Richtung **Hammersbach** bis zum Ausgangspunkt.

Ausblick von der Hohen Riffel zu den Riffelwandspitzen

KOMPASS

0 500 m

Breitenau
Untergrainau
Grainau
Obergrainau
Schmölz
Hammersbach
START
Kuhwaldl
Stangenwald
Waxensteinhütte (Alplehütte)
Waldeck
Kreuzeck
Rauhkopf
Kreuzeckhaus (Ad.-Zoppritz-Hs.)
Hennneck
Höllentaleingangshütte
Schwarzenkopf
Hupfleitenjoch
Höllentalklamm
Osterfelderkopf
Hochalm
Höllentorkopf
Höllentalangerhütte
Rinderweg
Alpspitze
Kreuzalm
Kreuzjoch
Kreuzjochhaus (TVN)
Stegerwald
Tröglhütte
Rießerkopf
Rießer See
Aulealm
Kandahar
Osterfelderhof
Stuibenwald
Bernadeinsteig
Bergwachthütte
Stuibenhütte
Stuibenkopf
Stuibenspitze
Hoher Gaif
Hochblassen
Vollkarspitze
Blassenloch
Grieskar
Zugspitzbahn
Alpspitzbahn
Kreuzeckbahn
Höhenrainweg

14. Höllentor, 2100 m

Durch die Höllentalklamm

Ausgangspunkt: Garmisch-Partenkirchen; Talstation Alpspitzbahn, 761 m | **Charakter:** sehr abwechslungsreicher Aufstieg in der wilden Landschaft des Höllentals; zum Teil gute Wege, zuletzt in Geröll; Regenschutz mitnehmen; etwas Trittsicherheit erforderlich | **Einkehr:** Höllentalklamm-Eingangshütte; Höllentalangerhütte (Übernachtung); Bergstation | **Karte:** KOMPASS Nr. 5

Mittel | 8,5 km | 1350 hm, 0 hm | 4,25 Std.

Diese Wanderung führt mitten in das Herz des Wettersteins hinein und verschafft uns die verschiedensten Eindrücke dieser wilden Felslandschaft. Neben der Höllentalklamm sind vor allem die Ausblicke auf die Waxensteine, das Höllental mit der Zugspitze, den Jubiläumsgrat, die Alpspitze und zuletzt hinaus ins Loisachtal die Anziehungspunkte dieser Tour.

Vom **Parkplatz** nehmen wir zuerst das Flachstück durch die Wiesen Richtung Hammersbach (Südwesten) unter die Füße. Am Ende des Ortes biegen wir links ab und folgen immer der Beschilderung zur Höllentalklamm, zuerst auf der Forststraße entlang des Baches, dann auf einem Wanderweg. Dabei steht unserem Weiterkommen erst einmal die **Höllentalklamm-Eingangshütte** mit dem Kassenhäuschen (Ermäßigung für AV-Mitglieder mit Ausweis) am Klammeingang im Weg. Auf künstlichen Stegen, über Brücken und durch Tunnels geht es am tosenden Wasser entlang durch die tief eingeschnittene Klamm. Gerade an heißen Sommertagen sind die kühle Luft und das gelegentlich von oben heruntertropfende Wasser äußerst angenehm.

Nach der Klamm geht es auf gut eingetretenem Wanderweg weiter zur **Höllentalangerhütte**. Dort nehmen wir den Weg, der unmittelbar hinter der Hütte links abzweigt, wandern fast eben dahin und erreichen bald nach einem Bacheinschnitt eine Abzweigung. Wir nehmen den rechten Weg (links geht es zu den Knappenhäusern), der nun in Serpentinen schnell ansteigt. Mit Blick auf die Waxensteine und vorbei an einigen drahtseilgesicherten Passagen erreichen wir bald das Geröll und mühen uns auf den Steigspuren immer weiter nach oben, nun schon die Klet-

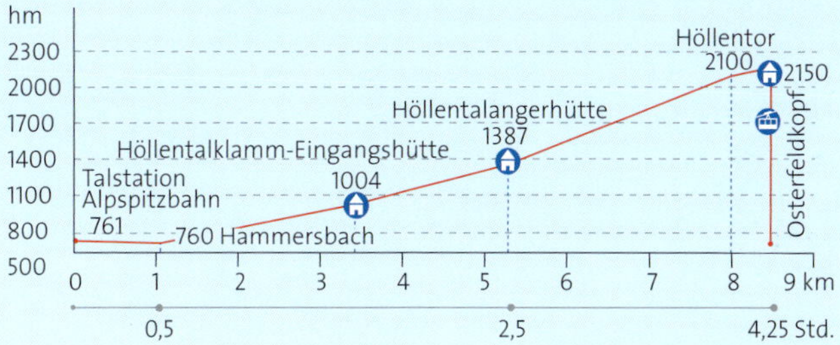

terwände des Höllentorkopfes im Blick. Bald erreichen wir das **Höllentor** (Rinderwegscharte) und damit unseren höchsten Punkt.

Der Abstecher zum Höllentorkopf ist nur absolut trittsicheren Wanderern zu empfehlen (keine Steine lostreten!). Von der Scharte sind es nur einige Minuten hinunter zur Bergstation der **Osterfelderbahn**, die uns knieschonend zum Ausgangspunkt zurückbringt.

In der wilden Höllentalklamm

Wasserfällen
996
Militärgelände
Kramer-Plateauweg
863
Tierheim
Maximilianshöhe
Almhütte
Loisachbad
831
761
Herrgottschrofen
Militärgelände
Breitenau
792
722
717
Höhenrainweg
762
Kriegerkapelle
742
Untergrainau
772
Huberpark
Schmölz
723
Katzenstein
Am Zierwald
Grainau
Krepbach
Aulealm
Rosensee
G.
783
Hst. Obergrainau
Nuss
766
Zugspitzbad
Evangel. Kirche
Badersee
Obergrainau
Kurhaus
Hst. Kreuzeck-Alpspitzbahn-Talst.
START
Kandahar
761
Hinterbühl
760
Heiss'n Stuben
Osterfelderhof
Hammersbach
Zugspitzbahn
Degernlaine
832
G6
Neuneralm
G6
831
Kuhwaldl
832
Rahm
Höhenweg Eibsee-Höllental
1003
831
Waldeck
1238
Kreuzeckbahn
1077
Stangen
831A
833
Diensthtt.
Stegerwald
1384
Waxensteinhütte (Alplehütte)
Alpspitzbahn
Kreuzeck
Rauhkopf
1621
1651
1650
Kreuzalm
Henneneck
1492
Kreuzeckhaus (Ad.-Zöppritz-Hs.)
Kreuzjoch
Mandl
1889
Höllentaleingangshütte
1617
Zwölferkopf
Bärenfalle
Großer-
2226
2136
Stangensteig
831A
Hupfleite
1630
831
Schöneckspitze
2277
2072
Kleiner-
Höllentalklamm
Schwarzenkopf
Hinterer-
Mittagscharte
1819
Hupfleitenjoch
2264
Waxenstein
Stangensteig
831A
Knappenhäuser
1703 Hochalm
Bernadeinsteig
Marlensprung
831A
Osterfelderkopf
Höllental
Höllentalangerhütte
1387
Höllentorkopf
2150
Osterfelder
Bergwachthütte 1851
835
Rinderweg
Höllentor
Höllentalanger
Aschenkopfe
Brett
Schöngänge
Bernadeinwände
894
Wasserl
Alpspitze
2143
1790
1948
1989
2628
835A
Höllentalkar
Mitterkar
Mathaisenkar
834
834
2237
Stuibensee
1921
Grießkarscharte
2463
Grieskar
2039
Hoher Gaif
2288
Stuiben
Höllentalgrathütte
2684
Vollkarspitze
2703
Mittlere-
Äußere-
2618
Hochblassen
KOMPASS
0
500 m

Olympia-Eisstadion
HP-Hausberg
722
Zugspitzbahn
Hausberg
Skischule
Rieß
See
Kochelberg
863
Hp. Kainzen-bad
Kochelberg
Kochelbergalm
Petersbad
Rießerkopf
1127
Vorderer Hausberg
Hausbergbahn
Fuchslern
Diensthütte
1258
Bayernhaus
1320
Garmischer Haus
Drehmöser 9
Kreuzwankl-bahn
1259
Drehmöserwald
1610
Diensthütte
Ochsenweg
Sulzgraben
Antoniwald
958
Reintal
Diensthütte
831
992
Bodenlaine
836
Diensthütte
1441
Hirschlache
1635
Hinter-klamm
Partnach
1864
Hoher Gaifkopf
1002
812
916
Vogelschutz-warte
Pfeifferalm
Schöne Aussicht
Anzlesau
2
Klinikum
Kainzenbad
746
Kankerbach
Wiedau
Sommer-Rodelbahn
906
Schönau
Olympia Skistadion
Lenz'nhütte
Gudiberg
834
1055
Eselberg
Eckbauerbahn
1004
Partnach
Wildenau
Lenz'nhütte
1222
Hannesläbauer
Vorder-
Partnachklamm
1237
860
Forsths. Graseck
graseck
Eckbauer
Wettersteinalm
Sattlerhütte
Partnachalm
1050
Hinter-
893
Streichla
Mitter-
797
842
844
Fercher
Stegreif
Hoher Weg
Kälbersteig
Steile Fälle
Am schwarzen Schrofen
Diensthütte
1159
Schindeltal-schrofen
1124
Ebenwald
Laingraben
863
Klausengraben
Spitzwaldgraben
1411
Spitzwald
Keilschrofen
1319
Mitter-klamm
1548
841
Steilenberg
Schachenwald
1770
NSG
1464
Schachenweg
841,842
Schachentorkopf
1957
Diensthtt.
Schachensee
1670
Schachentor

15. Alpspitze, 2628 m

Auf der Alpspitz-Ferrata

Ausgangspunkt: Garmisch-Partenkirchen; Bergstation der Alpspitzbahn, 2050 m | **Charakter:** sehr lang und anstrengend; die Ferrata ist ausgesetzt, aber nicht schwierig; anspruchsvoller ist die Abstiegsroute; stabiles Wetter notwendig | **Einkehr:** Bergstation Alpspitzbahn, Höllentalangerhütte (Übernachtung), Höllentalklamm-Eingangshütte | **Karte:** KOMPASS Nr. 5

Schwer | 10,5 km | 600 hm 1900 hm | 6,75 Std.

Die Alpspitze ist der markanteste Berg des Wettersteins und deshalb auch das Wahrzeichen von Garmisch-Partenkirchen. Obwohl der Felsengipfel besonders scharf geschnitten ist, führen gleich drei Routen zu ihm hinauf. Zwei werden wir bei dieser Tour kennen lernen. Dank Seilbahn ist der Aufstieg schnell erledigt, doch die vorgeschlagene Abstiegsroute zieht sich enorm in die Länge und sie ist relativ anspruchsvoll. Sie darf daher nur von konditionsstarken sowie absolut schwindelfreien und trittsicheren Alpinisten durchgeführt werden. Wer auf Nummer sicher gehen will, legt Klettersteigsicherung an.

Nach der Auffahrt mit der Alpspitzbahn folgt man vom **Osterfelderkopf** dem beschilderten Weglein gegen Süden, geht am Gipfel des Osterfelderkopfs links vorbei und durch einen engen Felsdurchschlupf. Gleich dahinter wieder moderat auf einem Weglein weiter, das nahe an die felsigen Nordabstürze der Alpspitze heranführt. Dann verzweigt sich der Weg. Die einfachere Route führt nach links zum Nordwandsteig. Spannender ist die Alpspitz-Ferrata, zu der man nach rechts abzweigt. Nach einem steilen Geröllfeld kommt man zum Einstieg in den Eisenweg. Nun mit Hilfe von Krampen und Drahtseilen steil, aber nicht schwierig über die Felsen hinauf, rechts abdrehen und ein Geröllfeld queren und auf einer Krampenleiter rund 10 Höhenmeter pfiffig eine Felswand hinauf.

Oben erreicht man eine Gratscharte, wo ein Blechkästchen mit dem Wandbuch steht. Nun am Grat entlang, bis sich der Steig etwa 100 Höhenmeter unter dem Gipfel auf die rechte Gratseite wendet und sich in der mit Geröll übersäten Felsflanke verzweigt.

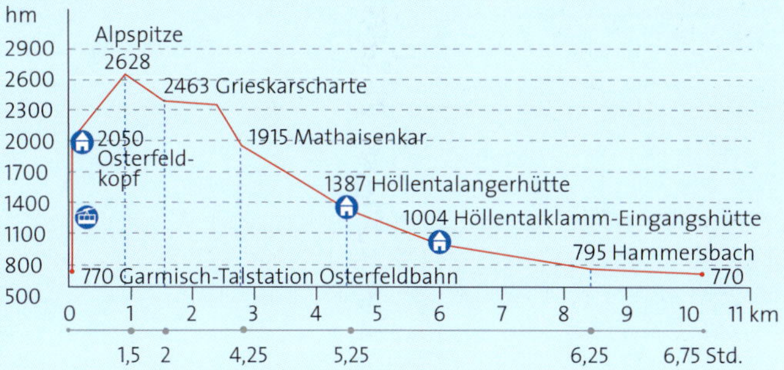
hm
2900
2600
2300
2000
1700
1400
1100
800
500
Alpspitze
2628
2463 Grieskarscharte
2050
Osterfeld-
kopf
1915 Mathaisenkar
1387 Höllentalangerhütte
1004 Höllentalklamm-Eingangshütte
795 Hammersbach
770 Garmisch-Talstation Osterfeldbahn
770
0
1
2
3
4
5
6
7
8
9
10
11 km
1,5
2
4,25
5,25
6,25
6,75 Std.

Auf dem Gipfel der Alpspitze

Dort links halten, wieder über eine Leiter hinauf und zum Gipfelkreuz der **Alpspitze**. Von dort sind es nur noch ein paar bequeme Meter zum höchsten Punkt.

Der herrliche Blick ins Loisachtal hinaus ist ein Genuss, bevor man sich an den spannenden, aber enorm langen und anstrengenden Abstieg durch das Matheisenkar macht. Dorthin geht man vom Gipfel erst einmal über den ausgesetzten Südwestgrat hinab. Es gibt zwar zwischendurch Sicherungsanlagen, doch ist dieser Abstieg stellenweise einigermaßen ausgesetzt.

In der **Grießkarscharte** rechts (gegen Norden) abdrehen. Auf der Steiganlage nun anfangs durch eine enge Felsenrinne hinunter, dann über glatte Felsen flott am Drahtseil hinab, auf eine Gratrippe zu und über sie – überwiegend am Kabel – steil talwärts. Später schwenkt die Route wieder etwas nach links, quert die Felsenrippe in einer ziemlich luftigen Passage und zwängt sich durch einen Felsenspalt, hinter dem sie kurz ansteigt und wieder über einen Grat abfällt. Dann endet die Steiganlage. Eine markierte Wegspur führt durch Schrofengelände in der Nähe einer Gratrippe nach Norden hinab. Dann dreht die Route links ab, verlässt also den Grat und fällt gegen Westen steil ab. Zwei Mal geht es noch kurz ans Drahtseil, dann kommt man in das **Matheisenkar** hinein. Die Route führt durch Geröll und zwischen Felsenblöcken durch das triste Kar und quert ein großes Schneefeld (oder führt bei geringer Schneelage darunter vorbei). Am westlichen Karrand kommt man in freundlichere, grüne Hänge hinein. Ein Wanderweg fällt nun auf dieser Seite nach Norden ab, führt stellenweise im Latschenbuschwerk über glatte Karren (Drahtseil) und knickt unvermittelt links ab. Dann geht es in steilen Kehren ins Höllental hinunter, das dann bei der **Höllentalangerhütte** endlich erreicht wird.

Von der Hütte am stark frequentierten Weg gegen Nordosten hinab. Man kann bei der Abzweigung rechts abdrehen und am Stangensteig absteigen. Auf ihm erspart man sich das Gewusel in der Höllentalklamm (und das Eintrittsgeld, das für AV-Mitglieder ermäßigt ist).

Bei der **Klammeingangshütte** stoßen die beiden Alternativen wieder aufeinander. Man geht am breiten Wanderweg nach Hammersbach hinaus und auf dem Kreuzeckweg zum Bahnübergang der Zugspitzbahn. Dort rechts ab und am Rad- und Fußweg über weite Wiesen zur Fahrwegkreuzung. Dort wieder rechts und neben den Eisenbahnschienen zum **Ausgangspunkt**.

KOMPASS

0 500 m

16. Kreuzeck, 1651 m

Leichte Wanderung mit Alpspitzblick

Ausgangspunkt: Hammersbach, 760 m, Parkplatz; Haltestelle der Zugspitzbahn | **Charakter:** leichte Bergwanderung zu einem Gipfelchen, das auch mit der Seilbahn erreichbar ist; großartiger Alpspitzblick! | **Einkehr:** Kreuzeckhaus (Übernachtung) | **Karte:** KOMPASS Nr. 5

Leicht | 8,5 km | 890 hm 890 hm | 4,5 Std.

Von **Hammersbach** geht man neben dem Hammersbach nur ein kurzes Stück bis zum Holzplatz talein. Dann vor der Hütte links abbiegen. Entweder am Fahrweg in enormen Steigungen oder links daneben am Wanderweg hinauf, bis auch dieser zum Fahrweg stößt. Nun geht es am Wegkreuz vorbei und zu einem Brunnen. Direkt beim Brunnen rechts abdrehen und auf steilem Steig in dichten Wald hinein. In vielen Kehren zu einer Lichtung hinauf, diese queren und wieder im Wald auf steinigem Pfad zur **Waldeck-Diensthütte**. Sie steht in einer Lichtung, malerisch vor der Kulisse des Waxensteins. Am Rande der Lichtung wird ein Fahrweg erreicht, auf dem man nach rechts etwas abwärts weitergeht. Wieder stößt man zu einem Holzplatz und auf einen recht schmalen Bergweg. Er dreht links ab und steigt in vielen Kehren stramm gegen Süden an, bis er oberhalb der Seilbahn auf ein Sträßchen führt. Dort links halten und die letzten Minuten zum **Kreuzeck** hinauf.

Der Rückweg führt kurz am Fahrweg nach Südwesten, aber gleich bei der ersten Verzweigung müssen wir links schwenken. Bei der nächsten Abzweigung, noch vor der Kreuzalm, wieder links abdrehen und am beschilderten Wanderweg oberhalb der Fahrstraße nach Nordosten hinab.

Der Wanderweg quert die Straße, führt unter der Skipiste durch und stößt direkt zur **Tröglhütte**. Dort müssen wir links abbiegen, an den Liftanlagen vorbei und am Fahrweg (steile Skipiste) gegen Westen hinabwandern, bis wir eine breite Schotterstraße erreichen.

Das Kreuzeckhaus

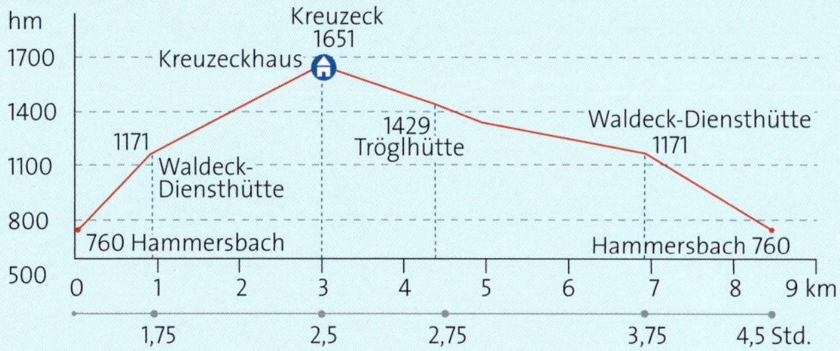

Auf ihr nun in sehr geringem Gefälle gegen Westen weiter, auf einer Höhe von 1210 m durch eine scharfe Straßenkehre und bald darauf an der Straßenabzweigung links halten. Auf dem schmalen Fahrweg zur **Waldeck-Diensthütte**, wo die Aufstiegsroute erreicht wird. Auf ihr nach **Hammersbach** zurück.

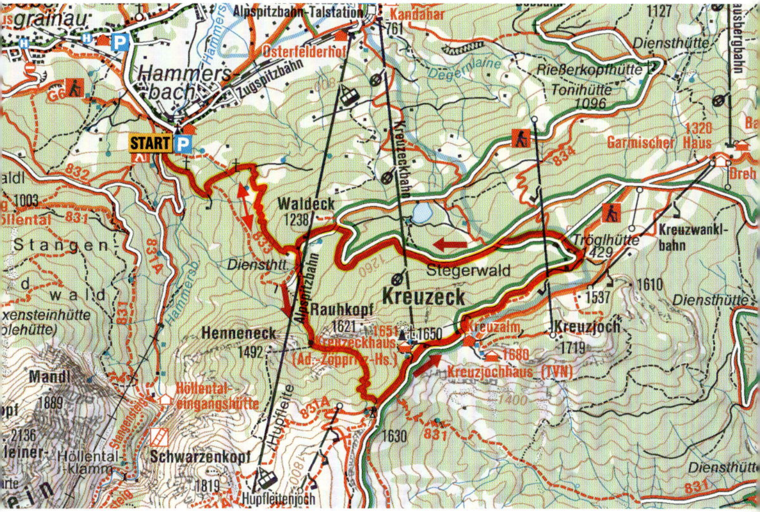

17. Stuiben, 1924 m

Am besten mit dem Radl ...

Ausgangspunkt: Garmisch-Partenkirchen, Olympisches Skistadion, Talstation der Eckbauerbahn, 725 m | **Charakter:** Auf- und Abstieg zu den beiden Stuibengipfeln sind leicht, aber lang (Fahrrad bis zum Bodenhaus benützen!). | **Einkehr:** Partnachalm | **Karte:** KOMPASS Nr. 5

Leicht | 16,5 km | 1350 hm / 1350 hm | 9,5 Std.

Der Stuiben liegt ganz im Schatten der Alpspitze hoch über dem Reintal und ist doch eine Aussichtswarte von hohem Rang. Die wild aufragenden Wettersteingipfel zeigen sich aus allernächster Nähe, und auch ins Werdenfelser Land hinaus reicht die weite Schau.

Vom **Olympiastadion** geht oder radelt man auf der Asphaltstraße gegen Südwesten (Richtung Partnachklamm) und biegt nach rechts zum Fahrweg ab, der immens steil zur **Partnachalm** ansteigt. Bei der Bergwirtschaft bleibt man auf dem Hohen Weg, der in mehrmaligem Auf und Ab durch den Wald gegen Süden dahinführt. An der zweiten längeren Gefällstrecke biegt man auf 1010 m auf den nach rechts abzweigenden Fahrweg und folgt ihm zur Verzweigung auf 980 m Höhe. Dort wieder rechts, einen Bachgraben queren und zum **Bodenhaus** (Raddepot bei der Diensthütte).

Dann folgt man dem beschilderten Weg, der nach Süden zur Bodenlaine abfällt. Gleich hinter dem Bach zweigt vom schmalen Fahrweg nach rechts die markierte Route zum Stuiben ab. Der Bergpfad quert zwei Mal einen Fahrweg, führt in eine Waldlichtung und stößt zu einem Ziehweg. Rechts abdrehen und dem Ziehweg weiter folgen, der sich wieder zu einem schmalen Steig zu-

KOMPASS INFO

Vom Kreuzeck herüber
Wer sich den langen Zuweg von Garmisch-Partenkirchen her sparen will, kann mit der Seilbahn auf das Kreuzeck fahren und durch eine prächtige Landschaft auf dem Bernadeinweg zum Stuiben hinüberbummeln. Das ist zwar weniger sportlich, aber nicht minder schön, und es eignet sich gut für Kinder.

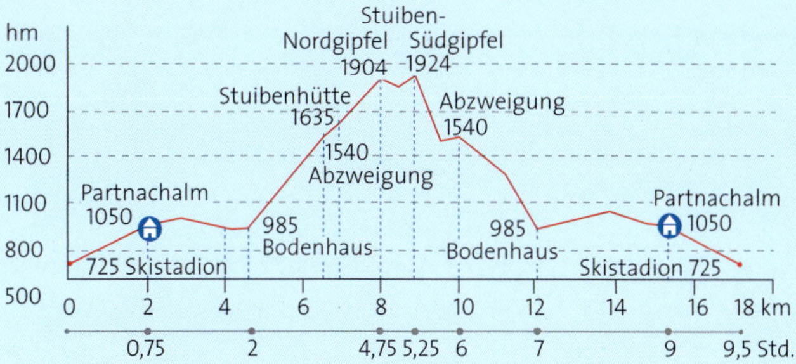

sammenschnürt, über einen breiten, schütter bewaldeten Rücken ansteigt und den Bernadeinweg quert. Unser Anstieg führt in der gleichen Richtung weiter und stößt zur **Stuibenhütte** (unbewirtschaftet). Hinter der Hütte verliert sich der Weg in freien Wiesenhängen. Nun weglos gegen Süden oberhalb der scharf abbrechenden Stuibenwand weiter den Hang hinauf, im Latschengebüsch etwas links und dann rechts abbiegen, um auf Trittspuren zum Gipfelkreuz auf dem markanten Nordgipfel des **Stuiben** hinaufzugehen. Von dort steigt man rund 5 Minuten entlang der Aufstiegsroute ab, dreht rechts ab und geht weglos über einen Rücken zum unscheinbaren, aber höheren **Südgipfel** hinauf.

Vom Südgipfel über einen kurzen Wiesenhang nach Süden hinab, bis eine Wegmarkierung erreicht ist. Auf ihr rechts abdrehen, an allen Wegabzweigungen rechts und das steil abfallende Tal westlich der Stuibenwand hinunter. Bei Nässe dort besonders aufpassen, denn der felsige Weg ist bisweilen recht rutschig. Schließlich stößt die schwer zu findende Abstiegsroute zum breiten, gut ausgebauten Bernadeinweg. Dort rechts halten und am unteren Rand der schroff aufragenden Stuibenwand vorbeigehen, bis die Aufstiegsroute erreicht wird. Auf ihr steigt man bis zum **Ausgangspunkt** ab.

Die Stuibenhütte

Auf den Wasserfällen
Bei der Kuffel
G r i e ß w a l d
Kramer-Plateau
Herrgottschrofen
Militärgelände
Breitenau
23
Loisach
Höhenrainweg
Kriegerkapelle
Untergrainau
Huberpark
Grainau
Krepbach
Am Zierwald
Bei der Lacke
Rosensee
Nuss
Badersee
Zugspitzbad
Obergrainau
Kurhaus
Evangel. Kirche
Hinterbühl
Aigen
Heiss'n Stuben
Hammersbach
Neuneralm
Lärchwald
Rohr
Rahm
Kuhwaldl
Eibsee
Am Anwurf
Höhenweg Eibsee-Höllental
Stangenwald
Riffelwald
Waxensteinhütte (Alplehütte)
Hochseil-Erlebnispark
Henneneck
Bärenheimatkopf
Mandl
Höllental-eingangshütte
Zwölferkopf
Bärenfalle
Großer-
Kleiner-
Höllentalklamm
Schwarzenkopf
Schöneckspitze
Hinterer-
Mittagscharte
Schönangerspitze
Waxenstein
Eibseebahn
Zugspitz-Zahnradbahn
Stangensteig
Knappenhäuser
Osterfelderkopf
Höllentorkopf
Riffelspitzen
Höllental
Höllentalangerhütte
Rinderweg
Riffelschartensteig
Hohe Riffel
Riffelscharte
Höllentalanger
Höllentor
Brett
Tunnelfenster
Riffelköpfe
Höllentalkar
Mitterkar
Mathaisenkar
Alpspitze
Große-
Kleine-
Riffelwandspitze
Grießkarscharte
Bergl
Zugspitze
Höllentalferner
Höllentalgrathütte
Münchener Haus
Observatorium
Mittlere-
Äußere-
Vollkarspitze
Hochblassen
Jubiläumsgrat
Innere-

0 500 m

START
START
START
Kreuzeck
Rießerkopf
Hausberg
Kochelberg
Stuibenspitze
Stuibenkopf
Hoher Gaifkopf
Stuibenhütte
Kreuzjochhaus (TVN)
Bernadeinsteig
Hoher Weg
Ochsenweg
Partnachklamm
Reintal
Stuibenwald
Drehmöserwald
Antoniwald
Schachenwald

18. Eckbauer, 1237 m

Durch die Partnachklamm

Ausgangspunkt: Garmisch-Partenkirchen, Olympisches Skistadion, Talstation der Eckbauerbahn, 725 m | **Charakter:** leichte Rundwanderung mit spannendem Klammweg und zünftiger Einkehr beim Eckbauer; sehr steiler Abstieg; Seilbahnabfahrt möglich | **Einkehr:** Wirtschaft Partnachklamm, Almwirtschaft Wetterstein, Forsthaus Graseck, Eckbauer | **Karte:** KOMPASS Nr. 5

Leicht | 8 km | 500 hm / 500 hm | 3 Std.

Eine besonders anstrengende Bergtour ist die hier vorgestellte Rundwanderung nicht gerade. Eher eine beschauliche Wanderung. Aber sie hat ihre Reize, und die beginnen schon eine halbe Stunde nach dem Abmarsch. Die Partnachklamm bietet nämlich ein gigantisches Naturschauspiel, das man gesehen haben muss. Der Weiterweg zum Eckbauer ist dann eher gemütlich und auf der Terrasse des Wirtshauses wird man mit einer deftigen Brotzeit und einem großartigen Blick ins Zugspitzmassiv belohnt. Wer sich den Abstieg am steilen Fahrweg nicht antun will, kann ja mit der Seilbahn runtergondeln.

Beim Eckbauer

Vom **Olympia-Skistadion** geht man knapp 2 km lang neben der Partnach am Asphaltsträßchen nach Süden und kommt an der Lenz'nhütte und dem Kraftwerk vorbei zur Wirtschaft **Partnachklamm** in Wildenau. Dahinter führt ein breiter Weg zum Klammeingang. Dort entrichtet man seinen Obolus (AV-Mitglieder mit Ausweis Ermäßigung) und folgt dem eindrucksvol-

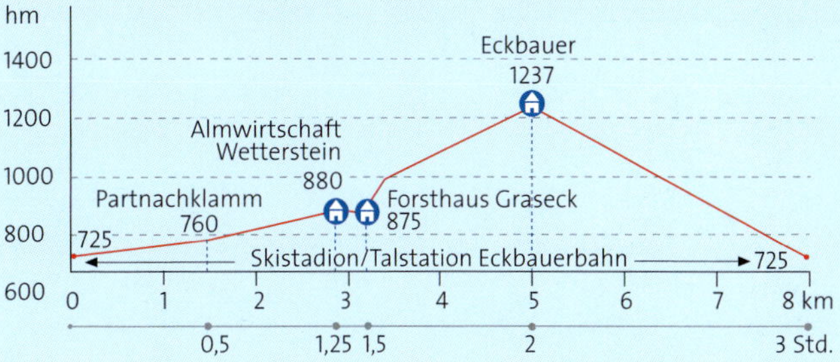

len Steig durch die tosende Klamm. Nach vielen niedrigen Tunneldurchgängen wird es am Klammende plötzlich ziemlich ruhig, und ein breiter Weg führt neben der Partnach nach Süden weiter. Bei der Verzweigung wählt man den oberen Weg und biegt nach links auf einen schönen Wanderweg ab. Über viele Stufen kommt man durch lichten Laubwald nach Nordwesten zur **Almwirtschaft Wetterstein** und weiter zu einer aufgemotzten Bergwirtschaft mit der unglaubwürdigen Bezeichnung **Forsthaus Graseck**. Dort rechts ab und über die freien Mahdwiesen des Grasecks hinauf, in den Wald hinein und an beschilderter Stelle links abbiegen. Auf der schönen Promenade in unzähligen Kehren über einen Waldrücken gegen Nordosten hinauf, bis schließlich das Wirtshaus **Eckbauer** erreicht ist. Von dort auf einem Wiesenpfad zur Privathütte auf dem höchsten Punkt.

Von der Privathütte steigt man nun zum Fahrweg hinab und geht das kurze Stück zur Bergstation der Eckbauerbahn. Von dort auf schmalem Fahrweg, anfangs in Seilbahnnähe, später östlich davon durch Wald und über weite Wiesen, zwischendurch ziemlich steil, zum **Ausgangspunkt** zurück.

KOMPASS INFO

Abstieg über Wamberg
Eine besonders schöne, aber etwas ausgedehntere Abstiegsvariante führt vom Eckbauer nach Nordosten über einen aussichtreichen Rücken und dann auf einem Fahrweg nach Norden in das höchste deutsche Dorf Wamberg, 996 m, hinab. Von diesem malerischen Bergdorf mit der sehenswerten Annakirche folgt man schmalen und steilen Fahrwegen über das Kainzenbad zum Ausgangspunkt zurück.

Predigtstuhl
1472
St. Martin
1028
Grasberg
Kramertunnel (in Planung)
Bayern-halle
752
Kriegerkapelle
793
1338
1010
Waldlehrpfad
Almhütte
Maximilians-höhe
Tier-heim
863
Militärgelände
Kramer-Plateauweg
Loisachbad
Olympia-Eisstadion
761
831
Herrgottschrofen
Breitenau
792
722
HP-Hausberg
Zugspitzbahn
Hausberg
Skischule
717
Rieß
Katzenstein
852
Rießer See
Aulealm
ehemalige Bobbahn
Rießerkopf
1127
Hausbergbahn
Huberpark
Grainau
Schmölz
Kreppbach
723
Hst. Obergrainau
783
Evangel. Kirche
Hst. Kreuzeck-Alpspitzbahn-Talstation
Kandahar
761
Osterfelderhof
Diensthütte
Rießerkopfhütte
Tonihütte
1096
Degernlaine
Hammers-bach
Zugspitzbahn
Kreuzeckbahn
1320
Garmischer Haus
Drehmöser
Waldeck
1238
Tröglhütte
1429
Kreuzwankl-bahn
Diensthtt.
Stegerwald
Alpspitzbahn
Kreuzeck
1537
1610
Rauhkopf
1621
1651
1650
Kreuzalm
Kreuzjoch
1719
Henneneck
1492
Kreuzeckhaus (Ad.-Zöppritz-Hs.)
1680
Kreuzjochhaus (TVN)
Mandl
1889
Höllental-eingangshütte
Hupfleite
1630
Höllental-klamm
Schwarzenkopf
1819
Hupfleitenjoch
Diensthütte
Knappenhäuser
Stuibenwald
Bodenlaine
Osterfelderkopf
1703
Hochalm
Höllentorkopf
2150
Bernadeinsteig
Bernadeinhütte
Diensthütte
Osterfelder
Bergwachthütte
1851
Höllentor
Aschenköpfe
Rinderweg
Gassental
Diensthütte
259
261
255
832
831
831A
833
834
835
836

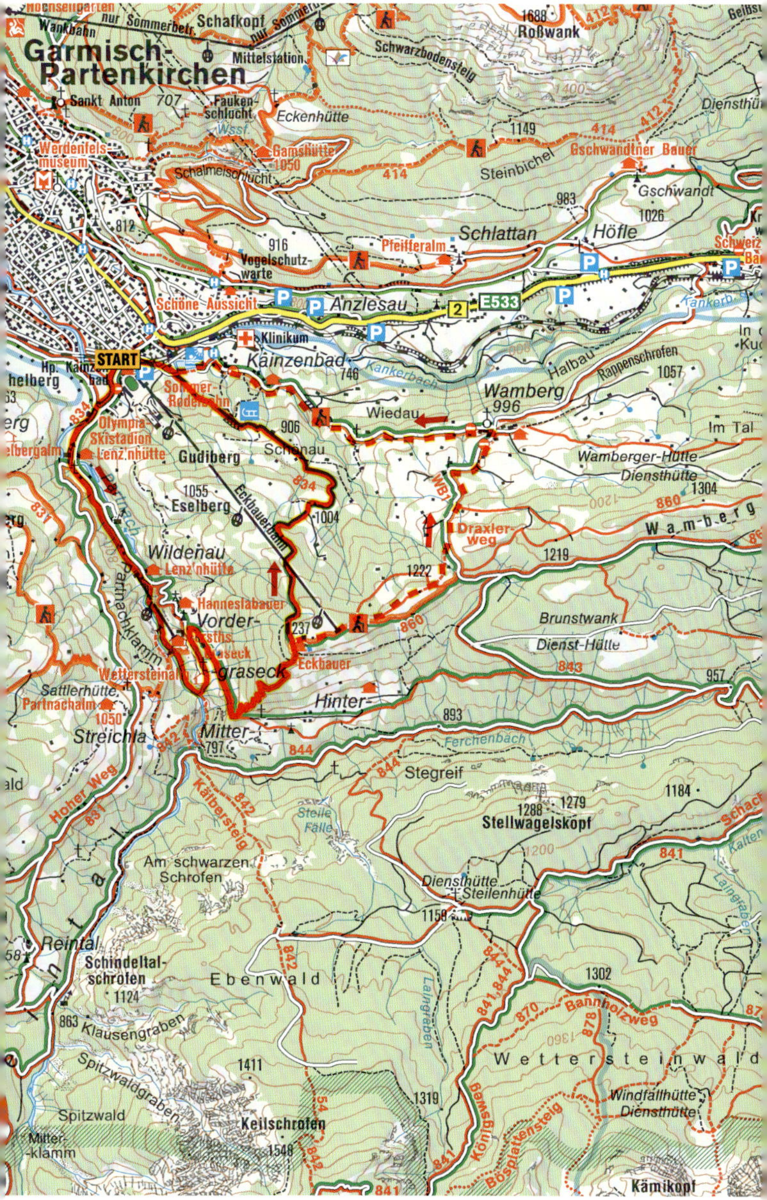
Garmisch-Partenkirchen
Wankbahn
Schafkopf
Mittelstation
Roßwank
Schwarzbodensteig
Sankt Anton
Faukenschlucht
Eckenhütte
Werdenfels-museum
Gamshütte 1050
Schalmeischlucht
Steinbichel
Gschwandtner Bauer
Gschwandt
Schlattan
Höfle
Pfeifferalm
Vogelschutzwarte
Schöne Aussicht
Anzlesau
E533
Klinikum
START
Kainzenbad
Sommer-Rodelbahn
Wamberg
Wiedau
Olympia-Skistadion
Lenz'nhütte
Gudiberg
Schönau
Im Tal
Wamberger-Hütte Diensthütte
Eselberg
Eckbauerbahn
Draxlerweg
Wildenau
Hanneslabauer
Vorder-
graseck
Eckbauer
Brunstwank
Dienst-Hütte
Wettersteinalm
Sattlerhütte
Partnachalm 1050
Partnachklamm
Streichla
Hinter-
Mitter-
Ferchenbach
Stegreif
Kälbersteig
Hoher Weg
Steile Fälle
Stellwagelskopf
Am schwarzen Schrofen
Diensthütte Steilenhütte
Reintal
Schindeltalschrofen
Ebenwald
Laingraben
Klausengraben
Bannholzweg
Wettersteinwald
Spitzwaldgraben
Spitzwald
Keilschrofen
Windfallhütte Diensthütte
Mitterklamm
Königsweg
Bösplattensteig
Kämikopf

19. Predigtstein, 2234 m

Am Südrand des Wettersteins

Ausgangspunkt: Leutasch, Parkplatz Salzbach im Gaistal, 1210 m
Charakter: wegen der weiten Abstiegsstrecke sehr lange Tour; Trittsicherheit (insbesondere bei Nässe) und Schwindelfreiheit erforderlich | **Einkehr:** Steinernes Hüttl, Tilfussalm, Gaistalalm
Karte: KOMPASS Nr. 5

Schwer | 12,5 km | 1030 hm / 1030 hm | 6 Std.

Vom **Parkplatz** quert man erst einmal den Salzbach gegen Westen und folgt der Straße ein paar Minuten. Dann zweigt nach rechts der beschilderte Ganghoferweg ab. Er steigt im Wald in Kehren gegen Westen an und dreht weiter oben nach Norden ab. Bei der Abzweigung nicht der Route zur Hämmermoosalm folgen, sondern am Sträßchen bleiben und gegen Nordwesten gehen, bis der Leitenbach erreicht wird. Dort endet der Fahrweg und die Route quert den Bach, um anschließend wieder in den Wald einzutauchen. Nun geht es neben dem Bach nach Norden hinauf und wieder auf eine Forststraße. Dieser folgen, auf einem Bergpfad den Fahrweg abkürzen. Dann werden die ausgedehnten Hänge der Rotmoosalm erreicht.

Von der zerstörten **Rotmoosalm** geht man noch ein kurzes Stück gegen Westen, bis nach links Markierungen zum Predigtstein abzweigen. Eine undeutliche, aber gut markierte Trittspur steigt durch steile Wiesen nach Süden an und nähert sich immer mehr wilden Felsenwänden. Die Route fällt ein paar Meter ab und schwingt sich dann enorm durch steile Felsenbereiche auf, bis sie schließlich knapp unter dem Gipfel einen Gratsattel erreicht. Von ihm ist es nicht mehr weit und nicht mehr schwierig gegen Nordwesten zum **Gipfelkreuz** hinüber.

Vom höchsten Punkt fällt ein Steig

KOMPASS INFO

Die Rotmoosalm
Die beliebte Bergsteigerunterkunft Rotmoosalm ist im Februar 2009 von einer gewaltigen Lawine zerstört worden. Sie soll aber auf alle Fälle an anderer, sichererer Stelle neu aufgebaut werden.

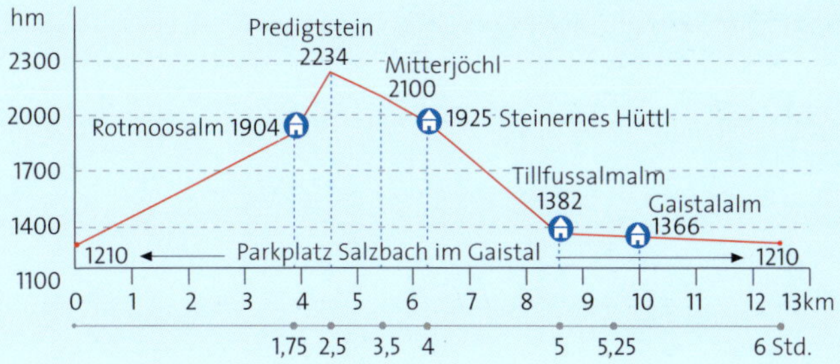

luftig und steil gegen Norden ab. Er läuft neben einer glatten Wand in einer weiten Wiese aus, von der man zum Sattel nördlich des Gipfels geht und ein längeres Wegstück gegen Norden gering ansteigt. Dieser Weg heißt Südsteig. Er dreht gegen Westen und präsentiert eindrucksvolle Blicke auf die Mieminger Kette. Später schwenkt der Steig nach Süden, zum **Mitterjöchl** und dann nach Westen zum **Steinernen Hüttl** hinab, wo vielleicht schon der Wirt mit seiner Harmonika wartet, um ein zünftiges Berglied aufzuspielen …

Von dort am steilen Waldweg in vielen Kehren gegen Südosten zum Ganghoferhaus und zur Tilfussalm hinab. Oberhalb der Gaistalstraße gegen Westen durch den Wald zur **Gaistalalm** und zum Fahrweg hinab, der uns durch das lange Gaistal zum **Ausgangspunkt** zurückbringt.

Der wuchtige Predigtstein

0 500 m

KOMPASS

Botan. Alpengarten
1866 Schachenhaus (Königshaus)
1861
Teufelsgass
Frauenalplspitz
Musterstein
Hirschbichlkopf
2276
1873
1708
2433
Wettersteinkopf
Drei Scharten
2304
Gänge
Brüche
2351
2369 Meilerhütte 2366
2477
2443
Mustersteinhütte
Bergleintal
2202
Bergleinkamm
Signalgipfel 2487
2427 Törlspitzem
Bayerländerturm
1824
Frauenalpl
Partenkirchner Dreitorspitze
2633
2626
2603
Leutascher Platt
Hermann-von-Barth-Weg
Öfelekopf 2478
Berglegg
Ofelehn
2598
Söllerpass
2211
Leutascher Dreitorspitze (Karl-Sp.) 2682
Schüsselkar
Schützengutel
1717
Gartlwand
2184
Biwakschachtel 2536
Schüsselkarspitze 2551
Scharnitzspitze
2336
2463
2351
Söllerrinne
Kletteregarten "Chines. Mauer"
Kamplgrat
Puitalm
1589
Puitegg
Ruhegebiet
Puitfeld
Jhtt.
Puitbach
Puittal
Wetterstein-Gebirge
Südwand-steig
Scharnitzjoch 2048
Erinnerungshütte
Brunnerwand
1899
2367
Kirchl
Gehrenspitze
Oberer Boden
Lehnerboden
Lehner
2250
Jhtt.
Unteres Kirchl
Nazenlehn
Herrenlehn
Reichlehn
Scharnitztal
1763 Wangalm
Gasse
1115
Rössl
Höhenpromenade
Runst
Adlerweg
Leutascher Ache
Leutasch
1325
Winkelegg
Oberleutascher Klamm
Ruhegebiet
Kirchplatzl
1136
Ganghofer-museum
Leutascher Alpenbad
Quellenhof
Weidach
Mühleggsee
Weidachsee
Achweg
Klammbach
Plaikner-Mähder
Klammer-
St. Josef
Klamm
Plaik
Aue
Aumoos
Seewald
Liftweg
Kreithkapelle
Bike Trail Tirol
Kalvarienberg
Öfen
Platzl
Zugspitze
Karwendelhof
Mausersteig
Obern 1176
Hennengassl
Ostbach
Bründlmoos
1169
Wurzelsteig
Aussichtspunkt Rappenlöcher
1363
Katzenkopfhütte
Sommerrodelbahn
Spielpl
1378
Katzenköpfe
1380
Liftweg
Alte Ganter
1382
Jhtt. 1239
Ehrenfried
Mooser Weg
Hofertal
Wassertal
Schlagwald
Moos
Bike Trail Tirol

20. Schönberg, 2142 m und Roßberg, 2096 m

Für Gipfelsammler

Ausgangspunkt: Leutasch, Parkplatz Salzbach im Gaistal, 1210 m **Charakter:** einfache, lange Rundtour; großartige Aussicht; ab ca. Ende Mai möglich | **Einkehr:** Wettersteinhütte, evtl. Hämmermoosalm (beide Übernachtung); Wangalm | **Karte:** KOMPASS Nr. 5

Leicht | 13 km | 1100 hm / 1100 hm | 6,5 Std.

Die lange Rundtour führt über zwei unbedeutende Gipfel, die man nur als Dreingabe sehen sollte. Sie sind keine besonderen alpinen Herausforderungen. Was zählt, ist der Weg. Und dieser führt durch eine Berggegend, wie sie für die Südseite des Wettersteingebirges kennzeichnend ist. Tiefe Wälder und rauschende Bäche prägen die Eindrücke in Talnähe, ein kurzer, freier Almenbereich liegt darüber und der Rest führt durch ein Kar- und Schuttgelände, das von wilden Bach- und Lawinengräben durchschnitten ist, die von steil aufragenden Kalkwänden abfallen.

Vom hintersten **Parkplatz** an der mautpflichtigen Straße im Gaistal steigt man neben dem Salzbach nach Nordwesten im Wald auf, zweigt rechts ab und folgt dem Bergpfad Richtung Wettersteinhütte. Er quert den Salzbach, verlässt den Wald und steigt nach Norden an. Auf der Höhe von 1530 m gabelt sich die Route wieder. Dort geht es nun geradeaus zur Wettersteinhütte weiter und bei der nächsten Verzweigung im Gutwald biegt man rechts ab. Das Weglein dreht sich zu einer bewaldeten Gratrippe gegen Osten, schwenkt links ab und steigt deutlich steiler an. Nun quert der Bergweg in geringem Auf und Ab den Waldhang gegen Osten, bis er links abbiegt, wieder deutlich ansteigt und hinter einer Flachetappe die kleine, aber feine **Wettersteinhütte** erreicht. Von ihr zu einem breiten Bachgraben hinab und am Sträßchen zur **Wangalm** hinauf. Weiter am Pfad das Scharnitztal hinauf. Zwischen markanten Sturzblöcken gabelt sich der Weg. Dort links halten und den steilen Hang gegen Südwesten zu einem Joch ansteigen. Zum Plattach (oder **Roßberg**) nach links und gegen Süden auf einer Trittspur zum ersten Gipfelziel.

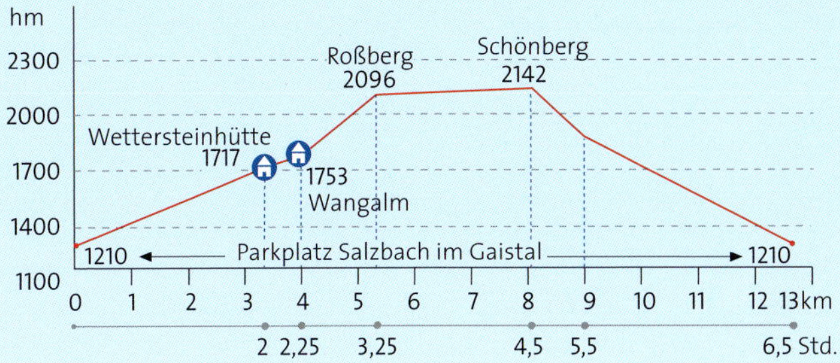

Vom Roßberg entlang der Aufstiegsroute ins Joch zurück, um dem Weglein nach links zu folgen, das zunächst nach Nordwesten, später gegen Westen über mehrere Reißen auf der Höhe von etwas über 2000 m weitgehend eben verläuft. Schließlich steigt es nördlich des Schönbergs zu einem Wiesensattel an. Aus diesem Sattel sind es zum **Schönberggipfel** auf einem einfachen Wiesenrücken gegen Süden nur 5 Minuten hinauf.

Der Rückweg bringt uns zu dem grünen Sattel hinab, dann halten wir uns links. Zwischen Latschenbuschwerk und Felsen fällt ein Bergpfad zur **Rotmoosalm** ab. Unter der von einer Lawine zerstörten Alm muss man auf einem Sträßchen absteigen. Bei der Verzweigung neben dem Leitenbach dreht man rechts ab und verlässt den Fahrweg zwei Gehminuten weiter unten. Deutliche Wegtafeln weisen auf den Wanderweg hin, der nach links in Richtung Hämmermoosalm abfällt. Hinter einem Steg über den Leitenbach kommt man wieder zu einem schmalen Fahrweg, auf dem man etwas abfallend in das Gaistal hinuntergeht. Über die Gaistalstraße erreicht man dann wieder den **Ausgangspunkt**.

Gemütliche Einkehr in der Wettersteinhütte

Bergl
2272
Höllentalgrathütte
2684
Mittlere-
Äußere-
2720
Vollkarspitze
2618
Jubiläumsgrat
2703
Hochblassen
2039
Hoher Ga
2288
2421
2763
Jubiläumsgrat
Innere-
2651
2743
-Höllentalspitze
2741
Blassenloch
1853
Weißes Tal
2333
Gamskar
Großer-
2515
Vollkar
Blassenkopf
-Kirchturm
Kirchkar
E4 (Alpin)
01
dalpenweg
2368
Kleiner-
NSG
2301
Schützensteig
Brunntalkopf
Knorrhütte
2051
2263
Brunntallift
Brunntal
1998
Veitelsbrünnl
Gsundbrünnl
1369
Reintalangerhütte
Partnach-
ursprung
1260
1220
Plattsteig
1839
E4
(Alpin)
801
Diensthütte
1997
Im Fall
2406
Fensterl
Gatterl
2024
Kleinwanner
Hochwanner
2483
Gatterlköpfe
Hoher Kamm
2548
2572
2744
2474
Feldernjöchl
2045
2376
2110
Am Brand
Hochwannigkopf
2264
12
816
1925
Steinernes Hüttl
Mitterjöchl
Südwand-
steig
2234
Jhtt.
2234
Predigtstein
(Predigtstuhl)
Felderer Tal
Feldernalm
552
Kotbach
Adlerweg
801A
551
01
(Var. Adler-
weg
Tillfussalm
1382
44
533
Bike Trail Tirol
Gaistalbach
23A
(Variante)
Ruhegebiet
Gaistalalm
1366
Ganghoferweg
Ruhegebiet
01
Leutascher Ache
(Variante)
Schwarzbach
1670
Tillfußkar
811,84,22B
1640
Hochwand
Hohe Wand
(Totenwand)
2719
2715
Karkopf
2469
Kl-Karkopf
2241
2059
Alplscharte

0 500 m

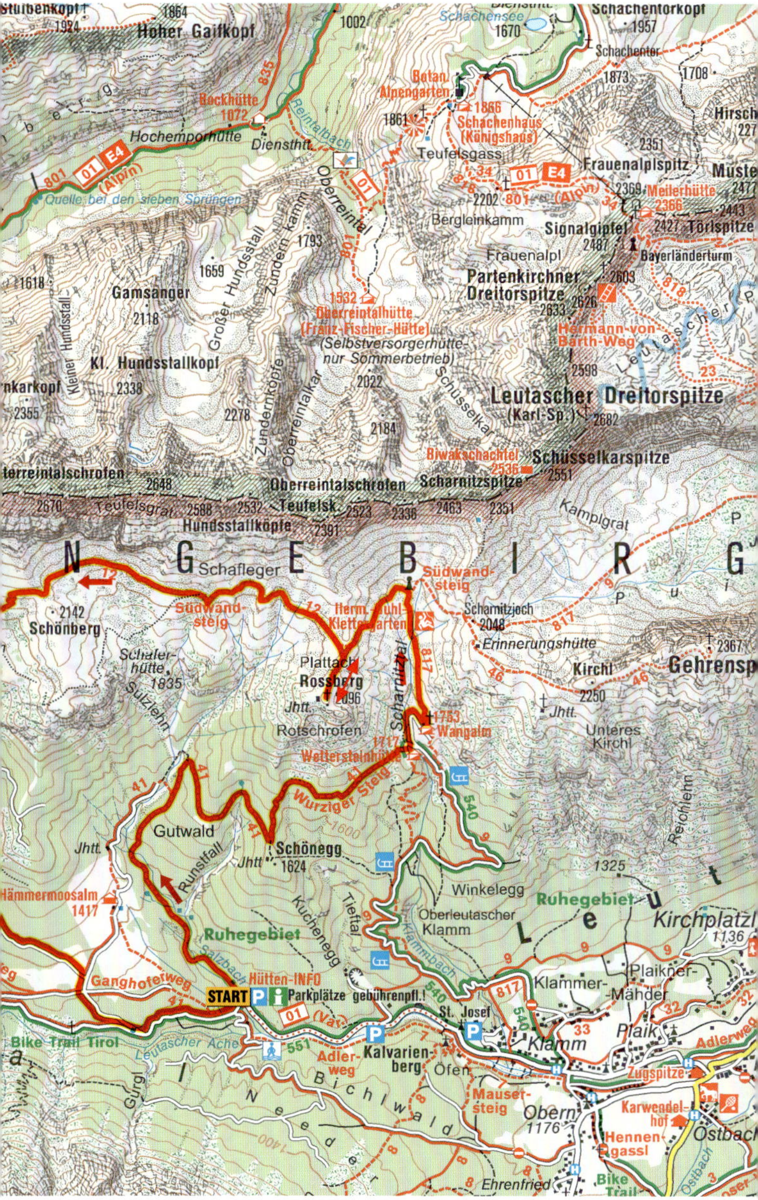
Hoher Gaifkopf
Bockhütte 1072
Hochemporhütte
Diensthtt.
Quelle bei den sieben Sprüngen
Reintalbach
Oberreintal
Schachensee
Schachentorkopf
Schachentor
Botan. Alpengarten
1866 Schachenhaus (Königshaus)
Teufelsgass
Frauenalplspitz
Meilerhütte 2366
Törlspitze
Signalgipfel
Bayerländerturm
Bergleinkamm
Frauenalpl
Partenkirchner Dreitorspitze
Hermann-von-Barth-Weg
Gamsanger
Großer Hundsstall
Zundernkamm
Kleiner Hundsstall
Kl. Hundsstallkopf
1532 Oberreintalhütte (Franz-Fischer-Hütte)
(Selbstversorgerhütte-nur Sommerbetrieb)
Zundernköpfe
Oberreintalkar
Schüsselkar
Leutascher Dreitorspitze (Karl-Sp.)
Biwakschachtel 2536
Schüsselkarspitze
Scharnitzspitze
Oberreintalschrofen
Teufelsgrat
Teufelsk.
Hundsstallköpfe
Kamplgrat
N G E B I R G
Schafleger
Schönberg
Südwandsteig
Herm.-Buhl-Klettergarten
Scharnitzjoch
Erinnerungshütte
Kirchl
Gehrensp
Schaferhütte 1835
Sulzlehn
Plattach
Rossberg 2096
Rotschrofen
Scharnitztal
1753 Wangalm
1717 Wettersteinhütte
Unteres Kirchl
Reichlehn
Wurziger Steig
Gutwald
Runstfall
Schönegg 1624
Hämmermoosalm 1417
Winkelegg
Oberleutascher Klamm
Ruhegebiet
Kirchplatzl
Kuchenegg
Tieftal
Klammbach
Salzbach
Ganghoferweg
START
Hütten-INFO
Parkplätze gebührenpfl.!
Klammer-Mähder
Plaikner-
Bike Trail Tirol
Leutascher Ache
Adlerweg
Kalvarienberg
St. Josef
Klamm
Plaik
Zugspitze
Ofen
Mausersteig
Obern 1176
Karwendelhof
Hennengassl
Ostbach
Bichlwald
Needer
Gurgl
Ehrenfried
Bike Trail

21. Partenkirchner Dreitorspitze, 2633 m

Am Klettersteig über dem Leutascher Platt

Ausgangspunkt: Leutasch-Lochlehn (Reindlau); Gasthaus Hubertus, 1059 m | **Charakter:** lange und anstrengende Tour; am Klettersteig ausgesetzt (Steinschlaggefahr; Helm benützen) **Einkehr:** evtl. Meilerhütte (Übernachtung) | **Karte:** KOMPASS Nr. 5

Schwer | 11 km | 1600 hm / 1600 hm | 7,5 Std.

Die allermeisten Gipfel der Wettersteinsüdwand sind nicht gerade leicht zugänglich. Die Zuwege sind teilweise sehr lang und die meisten Gipfel bleiben Kletterern vorbehalten, die sich mindestens im III. Schwierigkeitsgrad wohl fühlen. Die beiden Dreitorspitzen, die Leutascher und die Partenkirchner bilden wohltuende Ausnahmen. Sie sind nicht ganz so wild und auch für forsche Wanderer mit einigermaßen vernünftigem Aufwand erreichbar. Auf- und Abstieg zur Leutascher Dreitorspitze bewegen sich im Schwierigkeitsgrad II, doch die Route zur Partenkirchner Dreitorspitze ist höchstens ein Einser, mit einem bombenfesten Klettersteig ausgebaut und deshalb technisch deutlich einfacher. Aber sie bleibt streckenweise ziemlich ausgesetzt.

Vom **Gasthaus Hubertus** führt ein Sträßchen nach Nordwesten in den Wald hinein, am Gatter vorbei und zur Lochlehngrube. Oberhalb der Grube geht man im lichten Wald ein Stück gegen Südwesten weiter, biegt bei der Quelle am **Pangertsegg** rechts ab

Gipfelanstieg zur Partenkirchner Dreitorspitze (hinten die Leutascher Dreitorspitze)

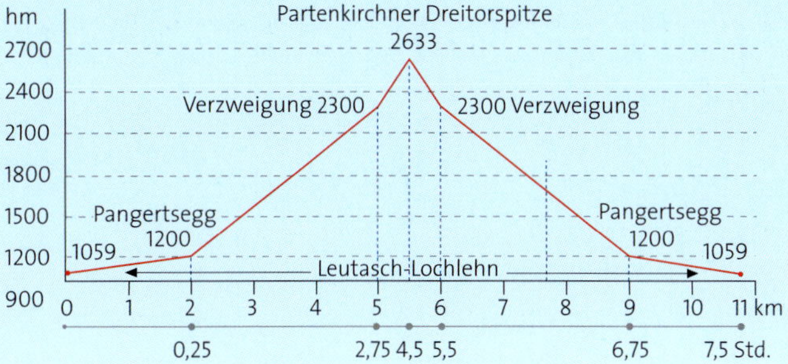

und steigt ins Bergleintal ab.

Zunächst führt der Bergweg gemütlich durchs Tal dahin, doch später schwingt er sich beachtlich auf und bei dem Wegkreuz zur Erinnerung an das Opfer des tragischen Bergunfalls vom 01.08.93 steigt der Hang recht kräftig an. Stellenweise muss man – vor allem bei Nässe – wegen der arg schmierigen Kalkfelsen vorsichtig sein. Mühsam plagt man sich auf der linken Seite des Taleinschnitts hinauf und durch einige Lawinenreißen, in denen der Schnee das ganze Jahr liegen bleiben kann. Unter dem Musterstein wendet sich der Bergpfad auf die rechte Talseite, führt an einer kleinen Hütte vorbei und in Richtung Meilerhütte weiter. An den markierten Stellen kann man links abbiegen, um sich den Abstecher (rechter Weg hinauf) zur Meilerhütte zu ersparen.

Von der Hütte geht es wieder ein wenig abwärts und auf der rechten Hangseite am Pfad in die Schrofen hinein. Besonders aufregend ist dieser Wegabschnitt nicht, doch hat man ein Drahtseil gespannt, und an ihm wird das triste Leutascher Platt erreicht. Auf deutlichen Trittspuren kämpft man nun mit steilen Geröllfeldern bis schließlich der Klettersteig erreicht ist. Krampen und stabile Drahtseile erleichtern auf etwa 200 Höhenmeter den Anstieg durch das steile, ausgesetzte Felsengelände hinauf, bis sich die Wand zurücklehnt. Im felsigen Bereich muss man auf den losen Schotter achten, die letzte Viertelstunde den Markierungszeichen folgen und erreicht dann den **Gipfel**.

Zurück geht es entlang der Aufstiegsroute oder mühselig und steil durch die Söllerrinne.

Stuibenwald
Bodenlaine
Klausengraben
Spitzwaldgraben
Spitzwald
1703 Hochalm
Bernadeinsteig
Bernadeinhütte
Diensthütte
Bergwachthütte 1851
Gassental
Mitter-klamm
Schöngänge
Bernadeinwände
Diensthütte 1441
Hirschlache
2143
1635 Stuibenhütte (Selbstversorgerhütte-nur Winterbetrieb)
Schachenwald
Stuibenwand
Stuibensee
1921
Stuibenalm
Hinter-klamm
Partnach
Stuibenspitze
Stuibenkopf
1864
1924
Hoher Gaifkopf
Diensthtt.
Schachensee
1670
1002
Hoher Gaif
2288
Botan. Alpengarten
Bockhütte 1072
1866 Schachenhaus (Königshaus)
1861
Schützengufel
Schönberg
Hochemporhütte
Diensthtt.
Reintalbach
Teufelsgass
Oberreintal
2202
NSG
Reintal
Quelle bei den sieben Sprüngen
Bergleinkamm
Blaue Gumpe
1220
1618
1659
1793
Frauenalpl
Partenkirchner Dreitorspitze
2633
Gamsanger
2118
Großer Hundsstall
Zundernkamm
1532 Oberreintalhütte (Franz-Fischer-Hütte) (Selbstversorgerhütte-nur Sommerbetrieb)
Kleiner Hundsstall
Kl. Hundsstallkopf
2338
Jungfernkarkopf
2355
2022
Schüsselkar
Leutascher (Karl-Sp.)
Zundernköpfe
Oberreintalkar
2278
2184
2406
Biwakschachtel 2536
Hinterreintalschrofen
2648
Oberreintalschrofen
Scharnitzspitze
2551
2560
2670
Teufelsgrat
2588
2532
Teufelsk.
2523
2336
2463
2351
Hundsstallköpfe
2391
Schafleger
Südwandsteig
Scharnitzjoch 2048
2142
Schönberg
Herm.-Buhl-Klettergarten
Erinnerungshütte
1904 Rotmoosalm (zerstört)
Schaferhütte 1835
Plattach
Rossberg
2096
Sulzleiten
Scharnitztal
Jhtt.
1753 Wangalm
Rotschrofen
1717 Wettersteinhütte
Wurziger Steig
Gutwald
1451
Schönegg
1624
1600

KOMPASS
0 500 m

Wettersteinwald
Windfällhütte
Diensthütte
Schützensteig
Königsweg
Bösplattensteig
Ischrofen
Steilenberg
Diensthütte
Kämikopf
Zirbelkopf
Kämialm
Kämitorkopf
Gemsanger
NSG
Wettersteinalm
Wettersteinwand
Kämitor
Mittagscharte
Obere-
Rotplattenspitze
Breitgries
Norbkopf
Wettersteinkopf
Hirschbichlkopf
Drei Scharten
Gänge
Brüche
Pangertsgrube
Schafgufelrinne
Nasenkopf
Musterstein
Meilerhütte
Mustersteinhütte
Törlspitzem
Bergleintal
Tscheiplehn
Lochlehn
Rossbran
Lochlehngrube
Lochlehn
Liasnhof
Öfelekopf
Berglegg
Pangertsegg
START
Söllerpass
Ofelehn
Hubertushof
Reindlau
Schützengufel
Söllerrinne
Klettergarten "Chines. Mauer"
Holiday-Camping
Puitegg
Farmalehn
Scheifelehn
Puitfeld
Ruhe-
gebiet
Puitbach
Achweg
Weißl
Arnkopf
Brennerwand
Kläranlage
Zwirchkopf
Gehrenspitze
Oberer Boden
Gartenwand
Lehner
Ahrn
Ahrntal
Lehnerboden
Nazenlehn
Adlerweg
Herrenlehn
Gasse
Sattelt
Emmat
Hoher Stich
Höhenpromenade
Runst
Rössl
Adler-
weg
Kurblhof
Höhen-
weg
Leutascher A.
(Alpin)

22. Schachen, 1866 m und Meilerhütte, 2366 m

Auf König Ludwigs Spuren

Ausgangspunkt: Wanderparkplatz hinter Elmau, 1003 m | **Charakter:** bis zum Schachenhaus lang, aber sehr einfach; der Steig zur Meilerhütte ist leicht aber stellenweise steil | **Einkehr:** Schachenhaus, Meilerhütte (beide Übernachtung) | **Karte:** KOMPASS Nr. 5

Leicht | 19 km | 1380 hm / 1380 hm | 6,75 Std.

Es ist eher die Ausnahme, dass hier eine Bergwanderung beschrieben wird, die nicht auf einem Gipfel sondern bei einer Hütte oder gar einem Schloss endet. Es ist das Königshaus am Schachen. Von außen sieht es nach der Renovierung nicht mehr wie ein Heustadel aus, und von innen muss man es einfach gesehen haben! Der Hüttenwirt des Schachenhauses macht täglich Führungen, und dabei zeigt er auch das Prachtstück des Schlosses, das Türkische Zimmer im ersten Stock. An Pomp und Firlefanz ist es so leicht nicht zu übertreffen. In den Häusern für das Gesinde des königlichen Lustschlosses ist heute das Unterkunftshaus mit Wirtschaft untergebracht, und wer auch von der schönen Bergnatur was sehen möchte, sollte noch den botanischen Garten besuchen, in dem 1000 verschiedene Alpenblumen ihre Blütenpracht entfalten. Am schönsten ist es dort im Juli.

Vom **Wanderparkplatz** nur gering ansteigend der Schachenstraße neben dem Elmauer Bach zuerst gegen Süden, dann nach Südwesten folgen. Zwischendurch steigt der Fahrweg zwar deutlich an, flacht aber wieder ab und verzweigt sich. Bei der Straßengabelung links abbiegen, also den Wegweisern zum Schachen folgen. Oberhalb des Laingrabens führt der Fahrweg nun ein längeres Stück nach Süden hinauf. Kurz vor

KOMPASS INFO

Durch das Schachentor
Eine landschaftlich schönere Aufstiegs- bzw. Abstiegsalternative verläuft von der Wettersteinalm durch ein prächtiges, weites Tal in das enge Schachentor hinauf und dann über Geröllhänge unter dem markanten Frauenalplspitz zum Königshaus auf dem Schachen.

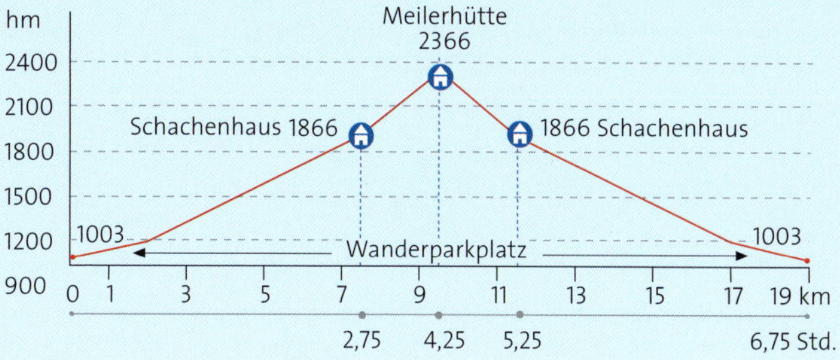

der Wettersteinalm zweigt rechts der alte Reitweg ab, der seitdem er von König Ludwig II. angelegt worden ist, nicht weiter ausgebaut wurde. Er wendet sich in Kurven deutlich steiler um den Steilenberg herum und führt dann spürbar flacher gegen Südwesten zur Forsthütte neben dem Schachentorkopf. Der Reitweg endet schließlich beim **Schachenhaus** und dem Schloss. Bis dort hin kann man auch mit einem Mountainbike fahren, doch ist die letzte Etappe, der Reitweg, sehr steil und mühsam.

Wer noch zur Meilerhütte hinauf will, folgt dem schmalen Bergweg anfangs nach Süden zur Teufelsgasse, später in einem weiten Bogen gegen Osten und zuletzt durch steile Geröllhänge, bis nach einem Felsenabsatz am Frauenalpl die zwischen zackigen Felsen eingeklemmte **Hütte** erreicht ist.

Der Abstieg verläuft über die Anstiegsroute (alternativ: nach Leutasch absteigen; siehe Tour 21).

Die Meilerhütte

KOMPASS

0 500 m

Drüsselgr
Elmau
START
Schlosshotel Elmau
1008
Kaltenbach-quelle
Kaltenbach
Kreidenbach
Grieserweg
809
810
Wildensee
1352
Kranzberg-Diensthtt.
Hoher Kranzberg
1391
außer Betr.
Kranzberghs.
1350
830
811
Kleiner Kranzberg
1259
807
820
808
Hirnschlag
812
806
1087
1366
Auf der Hochbrücke
Ferchenbach
1224
1057
870
813
Gratz
1153
823
1195
Karle
Breitengriesgraben
877
Ferchensee
Am Ferchensee
Lautersee Alm
Hotel Lautersee
Lautersee
876
Schützensteig
874
Wssf
1280
Franzosensteig
872
871
1115
Kohlenbrandl
Ferchenseewände
1174
Zirbelkopf
1989
Gemsanger
875
1450
1588
Grünkopf
Untere-(Gemskopf)
2298
2305
2151
2255
Mittagscharte
Obere-
Wettersteinspitze
Klammbrücke
gebührenpfl. Parkplatz mit WC+Kiosk
880
873
Franzosensteig
Staublehn
Jagdhütte
Schanz
Zum Klammgeist
Pension Bärenwirt
2399
Breitgries
Klammen
Norbkopf
Schafgufelrinne
Ruhegebiet
Burggraben
Wildstein
Zur Mühle
Scharte
Pangertsgrube
Nasenkopf
Grieslehn
Roßbrandbach
1140
Zur Brücke
Scharteital
Tscheiplehn
Lochlehn
Brunnenwald
Unterkirchen
1040
Rosumer
852
1430
Riedkopf
1860
Angerl
Jhtt.
Rossbrand
Brunnen
Schachen
537
Die Streaf
Weidach
Lochlehngrube
536
Lochlehn
Liasnhof
Ruhegebiet
Leutascher Ache
Xanderstal
Achterköpfe
850
Pangertsegg
35
536
Hubertushof
Reindlau
537
Mitterlehn
Hühneregg
2024
Große Arnspitze
2196
851
Holiday-Camping
E4
Alpin
Unterleutasch
Riedberg

23. Kämikopf (Punkt 1859 m) und Zirbelkopf, 1989 m

Einsames Gipfelduo

Ausgangspunkt: Wanderparkplatz hinter Elmau, 1003 m | **Charakter:** Auf und Abstieg zum Kämikopf sind leicht; der Rest verlangt Trittsicherheit und Schwindelfreiheit; Gipfelanstieg zum Zirbelkopf I-II | **Karte:** KOMPASS Nr. 5

Schwer | 10 km | 1050 hm 1050 hm | 6,75 Std.

Der Kämikopf erhält nur höchst selten Besuch. Auch bei der Wanderung, wie sie hier vorgestellt ist, wird er nicht erreicht. Dafür aber der deutlich höhere, unbenannte Punkt 1859 m südlich des Kämikopfs. Als Dreingabe bei der nicht besonders aufregenden Tour zu diesem Punkt ist auch die zusätzliche Route zum Zirbelkopf vorgestellt. Dort beginnt das Herz des Alpinisten deutlich höher zu schlagen. Dieser Gipfel wird auch höchst selten bestiegen, und er erfordert eine zwar leichte (I-II), aber recht luftige Kletterei in griffigem Kalkfels.

Vom **Wanderparkplatz** geht man in sehr geringer Steigung die Schachenstraße neben dem Elmauer Bach anfangs nach Süden, dann Südwesten hinauf. Zwischendurch steigt der Fahrweg zwar deutlich an, flacht aber wieder ab, bevor er sich verzweigt. Bei der Straßengabelung muss man links abbiegen, also den Wegweisern zum Schachen folgen. An der zweiten Seitenstraße (**Bannholzweg**), die links abschwenkt, biegt man ab und folgt den Wegtafeln zum Ferchensee und nach Mittenwald. Der Fahrweg steigt in Kehren gegen Osten an. In einer kleinen, sumpfigen Lichtung rechts der Straße zweigt am Holzplatz ein Ziehweg ab. Dort geht man noch geradeaus weiter, um gleich darauf nach rechts auf den groben, steilen Ziehweg abzubiegen. Dort darf man aber nicht dem Wanderweg zur Wettersteinalm folgen, sondern muss am Holzweg stramm ansteigend hinauf. Dann quert er den markierten **Schützensteig** zur Wettersteinalm. Die Route verläuft dort geradeaus weiter, also auf dem unmarkierten Ziehweg, der sich zu einer groben Fahrspur und einem Bergweg verjüngt. Er bringt uns unter dem Kämitorkopf in eine schöne Bergwiese, dreht links ab und steigt vor einem Graben an.

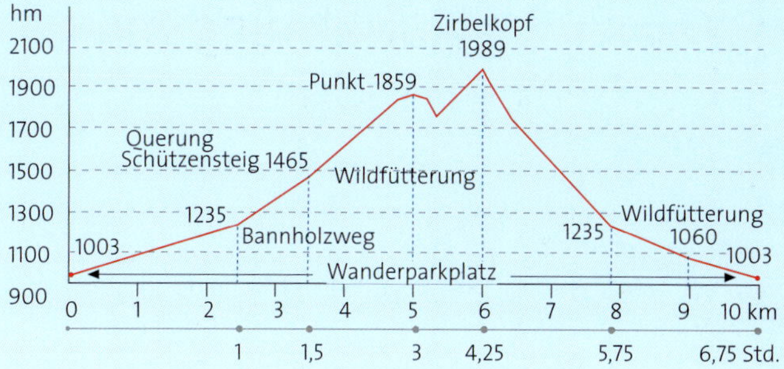

hm
2100
1900
1700
1500
1300
1100
900
Zirbelkopf
1989
Punkt 1859
Querung
Schützensteig 1465
Wildfütterung
1235
Bannholzweg
1003
1235
Wildfütterung
1060
1003
Wanderparkplatz
0
1
2
3
4
5
6
7
8
9
10 km
1
1,5
3
4,25
5,75
6,75 Std.

Brunstwank
Dienst-Hütte
860
843
957
Drüsselgr
Elmau
893
Ferchenbach
Stegreif
844
START
Alpen-
Schlosshotel Elmau
1008
Kaltenbach-
quelle
Kleiner Kranzberg
1184
1288
1279
Stellwagelskopf
Schachenw
841
Kaltenbach
807
820
A1
Diensthütte
Steilenhütte
1159
Laingraben
Hirnschla
806
1087
Ferchenbach
1302
1224
841,844
870
Bannholzweg
878
870
1195
Breitengriesgraben
Karle
870
Wettersteinwald
877
877
1319
Windfallhütte
Diensthütte
Schützensteig
874
1280
Königsweg
Bösplattensteig
841
841
Kämikopf
1821
Zirbelkopf
1989
Gemsanger
875
Diensthütte
Kämialm
Kämitorkopf
1870
1464
Wettersteinalm
NSG
1861
Wettersteinwand
2298
2305
2151
Untere
Kämitor
2255
Mittagscharte
Obere
Wetterstein
Rotplattenspitze
2399
2484
Breitgries
Klammen
Norbkopf

0 500 m

Der Kämikopf

An seinem oberen Rand biegt er rechts ab und quert eine Hangmulde. Zwischen Latschengebüsch steigt er gegen Süden durch eine steile, aber breite Hangmulde an, auf die Wettersteinwand zu. Am Rande des Geröllfeldes unter der Wettersteinwand wendet sich die Route nach links, steigt zu einem mit Latschen bewachsenen Rücken auf und mündet im Sattel zwischen Wettersteinwand und Kämikopf. Dort kann man links abdrehen und zum **Punkt 1859 m** hinaufgehen. Er ist allerdings mitten im Latschenbuschwerk und deshalb nicht besonders einladend.

Der Übergang zum Zirbelkopf wird spannend. Den Sattel gegen Osten queren, auf einer undeutlichen Trittspur absteigen, bis oberhalb von gewaltigen Felssturzblöcken ein Weglein erreicht wird. Auf ihm die Hänge unter der Wet-tersteinwand queren, bis schließlich die tiefste Stelle des Übergangs erreicht ist. Sie befindet sich in einer stillen, fast unheimlich wirkenden Hangmulde. Von dort steigt eine unmarkierte Trittspur über einen sehr steilen Wiesenhang nach Osten auf, dreht in einer Talmulde links ab und schwingt sich durch diese auf. Die Wegspuren verlieren sich dort immer wieder, doch wer sich auf die rechte Hangseite konzentriert, kann sich nicht verlaufen. Schließlich stößt man neben einem Felsenköpferl zu einer kleinen, grünen Gratscharte. Dort hält man sich links und kommt in die Felsen hinein. Steil geht es in wenig schwieriger Kraxelei durch eine kurze Felsenrinne hinauf, dann dreht die rot markierte Route rechts ab, quert ein Felsenband und stößt im Krummholz zum Gipfelgrat. Auf ihm dreht man links ab und geht ein bisserl luftig bis zum höchsten Punkt.

Vom **Zirbelkopf** geht es anfangs entlang der Aufstiegsroute hinab. Dabei muss man gehörig aufpassen, dass man sich in der Hangmulde unter dem grünen Gratsattel beizeiten links hält, um nicht in eine steil abbrechende Rinne hineinzukommen. Am besten ist es, auch von der tiefsten Stelle des Übergangs zwischen Kämikopf und Zirbelkopf weiter der Aufstiegsroute zu folgen und erst im Tal hinter den großen Sturzblöcken rechts abzudrehen. Dort führt ein zwar steiler, aber recht ordentlicher Bergweg talwärts. Wer diesen Umweg nicht mag, kann schon an der tiefsten Stelle des Verbindungsweges der beiden Ziele rechts abdrehen. Dieser Abstieg ist allerdings recht verwegen. Er verläuft auf einem uralten Bergweg, der im Bachgraben abfällt und sich immer wieder verliert. Man muss am unteren Rand einer Bachschlucht links abdrehen und weglos durch Latschenbuschwerk zum schönen Abstiegsweg queren. Der gute Weg führt über einen lawinengeschädigten Boden und über flache Waldwiesen zu Fahrspuren. Man quert diese und folgt, etwas links haltend, dem Abstiegsweg neben dem Bach. Die Route quert den Bannholzweg, und rund 100 Höhenmeter weiter unten stößt sie wieder zu einem Sträßchen. Auch dieses queren und gleich darauf links abbiegen, um einem schmalen Fahrweg in geringem Gegenanstieg zu folgen. Schließlich fällt er ab, führt an der **Wildfütterung** vorbei und schwenkt nach links. In der folgenden Rechtskehre den Fahrweg verlassen und dem Weg folgen, der zum Reiterhof abfällt. Gleich darauf auf einem Steg über den Elmauer Bach und wieder zum **Ausgangspunkt**.

Blick über Kämikopf und Kämitorkopf zur Alpspitze

24. Obere Wettersteinspitze, 2298 m

Hoch über Mittenwald

Ausgangspunkt: Leutasch-Unterkirchen, Ortsteil Burggraben 1040 m | **Charakter:** lange und anstrengende Bergtour mit einem Gegenanstieg, Trittsicherheit und Schwindelfreiheit sind Bedingung | **Karte:** KOMPASS Nr. 5

Schwer | 10 km | 1460 hm / 1460 hm | 8 Std.

Der einzige Gipfel der breiten Wettersteinwand, der sich als Ziel für geübte Wanderer gut eignet, ist die Obere Wettersteinspitze. Vom Ablauf her ist die lange Tour für das Wetterstein charakteristisch: In Talnähe dominiert dichter Fichtenwald, der von Buchenwäldern und steilen Schuttreißen abgelöst wird. Weiter oben geht es dann durch die Latschenregion und am Gipfelaufbau dominieren scharfe, steile Kalkfelsen. Man kann diese Tour auch von Mittenwald angehen (oder mit einem Rad anfahren). Diese Alternativroute führt am Lautersee vorbei und steigt südlich des Ferchensees zur beschriebenen Aufstiegsroute an. Selbst von Elmau könnte man (ebenfalls mit dem Rad) heraufkommen. Bei diesen Alternativen erspart man sich den Kräfte zehrenden Gegenanstieg, dafür sind die Entfernungen etwas größer.

Vom **Gasthaus Brücke** folgt man dem so genannten Franzosensteig, auf dem Napoleons Leute in Leutasch eingefallen sind. Eine Kanonenkugel, die direkt in der Mühle eingeschlagen hat, befindet sich heute noch im Gasthaus und die Wirtin zeigt sie interessierten Gästen gerne. Der Weg steigt durch eine Waldschneise gegen Nordwesten an. Westlich des Grünkopfes stößt er in einen bewaldeten **Sattel**, und fällt hinter der Landesgrenze – nun gegen Westen – rund 200 Höhenmeter ab. Über dem Ferchensee wird der Wanderweg erreicht, der von Mittenwald heraufkommt. Die Route leitet nun in leichter Steigung nach Westen weiter und gabelt sich. Dort links schwenkend kommt man gegen Südwesten zu einem steilen Steig, der streckenweise mit einem Drahtseil gesichert ist und zum **Gämsanger** führt. An diesem malerischen Rastplatz links abdrehen und gegen Süden über steile Felsen, das letzte Stück unter dem

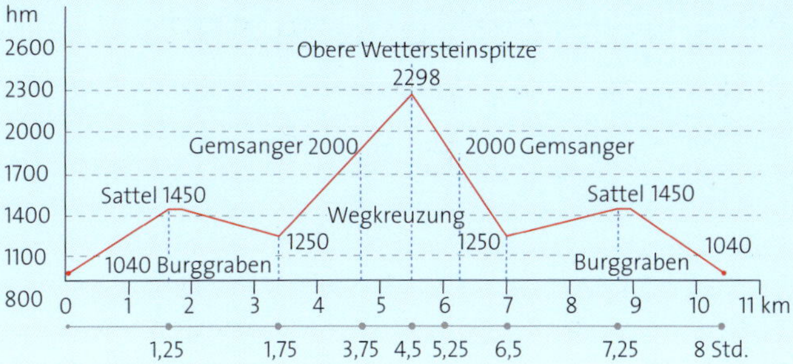

Gipfel wieder am Drahtseil, bis zum **Kreuz** hinauf.

Der Rückweg verläuft über die Aufstiegsroute.

Panoramablick vom Gämsanger auf Mittenwald und Karwendelgebirge

KOMPASS

0 500 m

Militärisches Sperrgebiet
Elmau
Schlosshotel Elmau
1008
Kleiner Kranzberg
Kreidenbach
Grieserweg
Kranzberg-Diensthtt.
Hoher Kranzberg
1391
außer Betr.
1223
Kranzberghs.
1350
St. Anton
Wildensee
Karnilach
Brendten
1193
1185
Luttensee
Barfußweg
1080
Korbi
Hirnschlag
1259
1352
1366
Auf der Hochbrücke
1087
Ferchenbach
1057
Gratzenköpfl
1115
Gratzenraut
Kalvarienberg
Mittenwald
Laintal
911
1153
Breitengriesgraben
1195
Karle
Ferchensee
Am Ferchensee
Lautersee Alm
Hotel Lautersee
Lautersee
Latscheneck
1066
Wssf.
1280
Franzosensteig
Kohlenbrandl
1115
Ferchenseewände
Naturl.
Ederkanzel
1184
1174
Gemsanger
1450
1588
Grünkopf
Burgberg
Höllkapelle
Klammbrücke
gebührenpfl. Parkplatz mit WC+Kiosk
Erlebnispfad Leutascher Geisterklamm
Zum Klammgeist
Am Gletscherschliff
2298
2305
2151
Untere- (Gemskopf)
Obere-
Wettersteinspitze
Schanz
Pension Bärenwirt
Jagdhütte
Staublehn
Klammen
Norbkopf
Schafgufelrinne
Ruhegebiet
Burggraben
1547
Wildsteinkopf
Wirts
Roßbrandbach
START
1140
Zur Brücke
Zur Mühle
Schartenkopf
1616
Diensthtt. (verf.)
Riedal
Nasenkopf
Grieslehn
Lochlehn
Brunnenwald
Unterkirchen
1040
Schartental
Rosumer
Schachen
Riedbergscharte
Jhtt.
1430
Tiefes Tal
1080
Rossbrand
Brunnen
Die Streaf
Weidach
Leutasch
Lochlehngrube
Riedkopf
1860
Lochlehn
Liasnhof
Kugler Schrofen
Achterköpfe
Riedberg
939
Ruhegebiet
Leutascher Ache
Xanderstal
Reindlau
Hühneregg
2024
Hasellähne
Mitterlehn
Große Arnspitze
ehem. Bleibergwerk
2196
-Camping

25. Große Ahrnspitze, 2196 m

Zackige Gipfelrundtour

Ausgangspunkt: Leutasch-Unterkirchen, 1040 m | **Charakter:** lange, ansprechende Wanderung; beim Gipfelanstieg können Trittsicherheit und Schwindelfreiheit nicht schaden; der Steilabstieg durch die Hasellähne erfordert bei Nässe Vorsicht. | **Einkehr:** Gasthaus Gletscherschliff (Übernachtung) oberhalb der Leutaschklamm | **Karte:** KOMPASS Nr. 5

Mittel | 11 km | 1200 hm / 1200 hm | 6,75 Std.

Zwischen Leutasch und Scharnitz erhebt sich südwestlich von Mittenwald ein langer und markanter Bergkamm, der von der Großen Ahrnspitze gekrönt wird. Die attraktiven Gipfelblicke locken an schönen Tagen zahlreiche Wanderer auf den trotz seiner scharf

Der Gipfelanstieg zur Großen Arnspitze ist relativ anspruchsvoll.

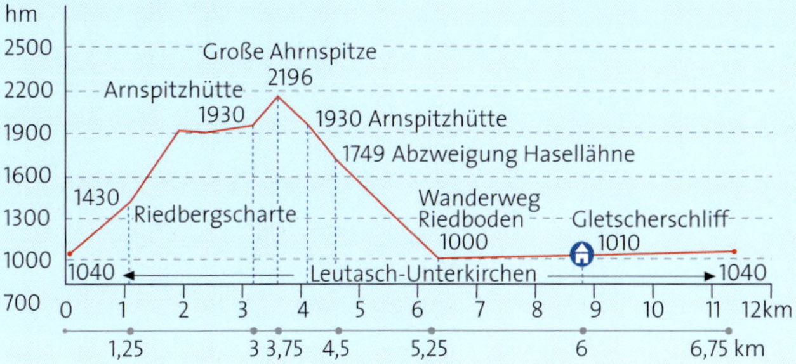

geschnittenen Form doch relativ einfach zu besteigenden Berg.

Vom **Gasthaus Mühle** am breiten, markierten Weg dem Bach entlang gehen und schon nach wenigen Minuten nach links (Markierung) auf einen steilen Steig abzweigen. Er schwingt sich in vielen Kehren im Wald zunächst nach Süden, später gegen Südosten steil durch das Schartental bis zur **Riedbergscharte** auf. Dort dreht er rechts ab und führt den Markierungszeichen entlang nach Süden. Dabei bleibt er anfangs ein wenig links der Kammhöhe und überwindet dann immer wieder neue Buckel. Unter den Achterköpfen verlässt die Route den Kammverlauf und quert eine steile, karge Flanke bis zur kleinen, unbewirtschafteten **Arnspitzhütte**. Bei der Hütte scharf rechts abdrehen und dem Steig, an einem Wegkreuz vorbei, folgen. Über einen steilen Aufschwung zum Gipfel der **Großen Ahrnspitze**.

Zurück geht man zunächst auf der Anstiegsroute. Bei der Verzweigung neben der **Arnspitzhütte** dem stark abfallenden Weglein gegen Nordosten abwärts folgen, bis sich dieses gabelt. Dort links halten und durch die steile **Hasellähne** im losen Geröll hinab. Wer sich's traut (und seinen Schuster gut leben lassen will) fährt auf den Stiefelsohlen ab. Erst unten im **Riedboden** kommt man wieder zu einem breiten, guten Weg. Auf ihm geht es nun nach Norden, an der Riedalm vorbei und zur Straßenverzweigung. Die Route steigt nach links (Nordwesten) zum **Gletscherschliff** mit dem dazugehörenden Wirtshaus an, um die Staatsgrenze zu queren und über der Leutaschklamm zur Fahrstraße bei der Schanz zu stoßen. Am Rande der Autostraße geht es zum **Ausgangspunkt** zurück.

Windfallhütte
Diensthütte
Schützensteig
Kämikopf
1821
Zirbelkopf
1989
Gemsanger
Diensthütte
Kämialm
Kämitorkopf
1870
Wettersteinalm
Kämitor
Wettersteinwand
Untere-
(Gemskopf)
Obere-
Wettersteinspitze
Mittagscharte
Rotplattenspitze
2399
Breitgries
Klammen
Norbkopf
Wettersteinkopf
2433
Drei Scharten
Gänge
Brüche
Pangertsgrube
Nasenkopf
Brunnenwald
Bergleintal
Mustersteinhütte
Tscheiplehn
Rossbrand
Lochlehngrube
Lochlehn
Liasnhof
Bergegg
Öfelekopf
2478
Pangertsegg
Ofelehn
Hubertushof
Reindlau
Leutascher Ache
Schützengutel
Holiday-Camping
Klettergarten
"Chines. Mauer"
Puitegg
Puitfeld
Ruhegebiet
Puitbach
Arnplattenspitze
Weißlehnkopf
2002
Arnkopf
Zwirchkopf
Kläranlage
Oberer Boden
Gartenwand
Lehner
Ahrn
Ahrntal
Adlerweg
Hoher Sattel
Sattelta
Gasse
Emmat
Hochfluder
Hoher Stich
1522
Höhenpromenade
Rössl
Adlerweg
Kurblhof
Höhenweg
Ganghofer-museum
Leutascher Alpenbad
Quellenhof
Weidach
Kurblhang
Durch den Boden

0 500 m

Hotel Lautersee
Lautersee
Kohlenbrandl
Ferchenseewände
Grünkopf
Naturlehrpfad
Ederkanzel
Burgberg
Höllkapelle
Klammbrücke
gebührenpfl. Parkplatz mit WC+Kiosk
Geisterklamm
Zum Klammgeist
Am Gletscherschliff
Pension Bärenwirt
Burggrab
START
Zur Mühle
Zur Brücke
Wildsteinkopf
Wirtsberg
Schartenkopf
Diensthtt. (verf.)
Riedalm
Schartental
Riedbergscharte
Jhtt.
Tiefes Tal
Die Streaf
Riedkopf
Kugleter Schrofen
Achterköpfe
Riedberg
Ried-
NSG
boden
Isarradw.
Haselllähne
ehem. Bleibergwerk
Arnspitze
Ahrnspitzhütte
Abgsprengte Wände
Ahrntalköpfle
Ahrntalhütte (Jhtt.)
Ahrntal
Scharnitz
Scharnitzer Klause
Porta Claudia
Adlerkanzel-Pavillon
INFO-Zentrum Alpenpark Karwendel
(Alpin) Bergsteig
Brunntal
Sattelwald
Sattelklamm
Sattelgries
Arzwald
Gießenbach
Stuck
Brand
Ghf. Ramona
Bike Trail Tirol
Mühlberg
Stuckweg
Bärenklamm
Frankenschlag
Tafele
Marendköpfl
Tafelschlag
Vord. Schnabelegg
Mittagkopf
Mittagkopfklamm
Gießenbachklamm
Schrofenegg
Vorderes Lehntal
Tafelesteig
Isarsteig
Inrain
Pürzlgrat
Marchklamm
Am Brunnstein
Buchwald
Brunnsteinköpfl
Brunnsteineck
Schwarzwald
Brunnsteig
Sulzlewald
Wasserfälle
Lindlahn
Lindlainkopf
Karwendelloch
Leitersteig
Karwendelschanze
Rainspazierweg
Im Ried

26. Kranzberg, 1391 m

Zur Mittenwalder Aussichtswarte

Ausgangspunkt: erste scharfe Linkskehre der Straße von Mittenwald nach Leutasch, gleich oberhalb von Mittenwald; Parkplatz, 950 m | **Charakter:** einfache, kurze, aussichtsreiche Wanderung auf einen beliebten Vorberg; Badegelegenheit am Lautersee und am Ferchensee | **Einkehr:** Kranzberghaus, Gasthaus am Lautersee (beide Übernachtung) | **Karte:** KOMPASS Nr. 5

Leicht | 10 km | 450 hm / 450 hm | 3,25 Std.

Der Kranzberg zieht sich als lang gezogener Rücken westlich von Mittenwald hin. Das Wetterstein, das westliche Karwendelgebirge, das weite Werdenfelser Land und das Estergebirge zeigen sich von ihren schönsten Seiten. Der Berg ist von Mittenwald herauf mit einer Seilbahn erschlossen. Zur Sommerzeit herrscht deshalb am Gipfel reger Betrieb. Wer es ruhiger mag, sollte im November zum Kranzberg hinauf pilgern. Das enge Wegenetz erlaubt eine Fülle von Routenvarianten und verirren kann man sich kaum, weil die Wege gut beschildert sind.

KOMPASS INFO

Variantenvielfalt
Das hervorragend mit Wanderwegen erschlossene Revier am Kranzberg bietet eine Fülle von Routenvariationen. Eine davon beginnt bei der Talstation der Wankbahn und führt um Ferchensee und Lautersee herum, die im Sommer zum Baden beliebt sind. Beim Wirtshaus St. Anton gibt es sogar einen tollen Barfußpfad!

Vom **Parkplatz** vorsichtig die Fahrstraße queren und von der Straßenkehre etwa 10 Minuten auf einer Asphaltstraße gegen Westen dahin. Dann biegt rechts ein Sträßchen ab, fällt ein paar Meter ab und verzweigt sich. Dort noch kurz am asphaltierten Fahrweg bleiben, aber schon bei der folgenden Verzweigung links abbiegen. Nun auf einer breiten Promenade kurz ziemlich stark ansteigend gegen Westen hinauf und zum malerischen **Lautersee**. An der Marienkapelle nördlich des Sees vorbei, auf der Brücke über den Bachgraben und der Wegetafel folgend in den Wald hinein. Ein guter, beschilderter Weg schlängelt sich nun im lichten Wald gegen Nordwesten bergwärts, bis er zu einer

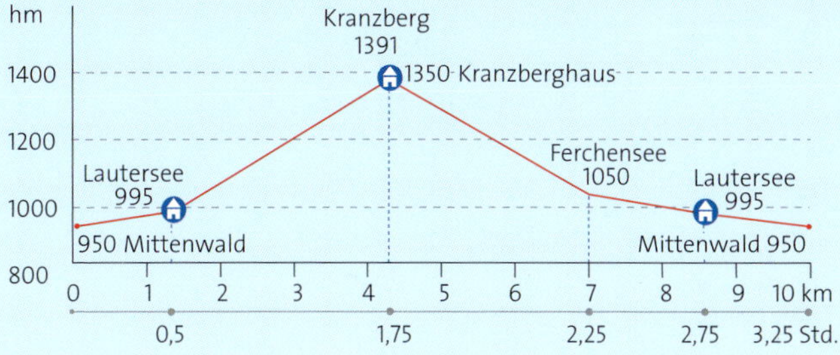

breiten Forststraße stößt. Auf dieser Straße ein paar Schritte nach rechts hinauf und gleich wieder rechts auf ein schönes Weglein abzweigen, das am Kranzberghaus vorbei zum **Pavillon** direkt zum höchsten Punkt ansteigt.

Zurück kann man entlang der Aufstiegsroute gehen. Wer aber noch den Ferchensee besuchen will, biegt unter der kurzen Straßenstrecke, etwa auf der Höhe von 1215 m nach rechts (gegen Süden) ab und kommt direkt zum **Ferchensee**. Vom idyllischen See zum **Lautersee** folgt man dem breiten Fahrweg, bis wieder die Aufstiegsroute erreicht wird, auf der es dann zum **Ausgangspunkt** zurück geht.

Kranzberggipfel und Kranzberghaus im späten Herbst

Wamberger-Hütte
Diensthütte
Wamberg
Diensthütte
Maierhütte
Elmauer Alm
Rabenhölzl
Im Drüssel
Draxlerweg
Brunstwank
Dienst-Hütte
Drüsselgr.
Elmau
Schlosshotel Elmau
Alpengasthof
Ferchenbach
Stegreif
Stellwagelskopf
Kaltenbachquelle
Schachenw.
Kaltenbach
Laingraben
Kleiner Kranzberg
Hirnschlag
Diensthütte
Steilenhütte
Bannholzweg
Wettersteinwald
Breitengriesgraben
Karle
Windfallhütte
Diensthütte
Königsweg
Bösplattensteig
Schützensteig
Kämikopf
Zirbelkopf
Gemsanger
Kämialm
Diensthütte
Kämitorkopf
Wettersteinalm
Kämitor
Wettersteinwand
Untere-(Gemskopf)
Obere-Wettersteinspitze
Mittagscharte
Rotplattenspitze
Breitgries
Klammen
Staublehn
Norbkopf
Wettersteinkopf
Drei Scharten
Gänge
Brüche
Pangertsgrube
Schafgufelrinne
Nasenkopf
Grieslehn
Lochlehn
Brunnenwald
Tscheiplehn
Bergleintal
Musterssteinhütte
Angerl
Jhtt.
Rossbrand
Brunnen
Leutasch

0 500 m

Scharles Moos
Am Quicken
Römerweg
Bergbauer
E533
Diensthtt.
Tonihof
1007
Buckelwiesen
Am Horn
Natur-seil-garten
Isarhorner Alm
Kranzbach
Schloss Kranzbach
Roßgraben
952
1026
988
1050
Schmalen-seehöhe
Gebirgsjäger Ehrenmal
Bockweg
Kreidewerk
Militärisches Sperrgebiet
Am Schmalensee
Schmalen-see
954
Bäckeralm
1185
Brendten
1193
Auf den Tennen
Kärnilach
Edelweiß-kaserne
Wildensee
Luttensee
1352
Wildensee
902
Karwendel-kaserne
Hussel-mühle
1009
Hoher Kranzberg
Barfußweg
1080
1391
außer Betr.
1223
Gröblalm
Kranzberghs.
1350
St. Anton
Korbinianhtt.
Hochbrücke
Gertraudtafel
Gratzenköpfl
1115
Kalvarien-berg
START
Gratzenraut
Mittenwald
Karwendel-bad
1153
Am Ferchensee
Lautersee Alm
Hotel Lautersee
Latschen-eck
Laintal
1066
Lautersee
Eishalle
Erzgrube
START
1115
Kohlenbrandl
Naturlehrpfad
Ederkanzel
1174
1194
1588
Grünkopf
1184
Burgberg
Höllkapelle
Karwendelschanze
Klammbrücke
gebührenpfl. Parkplatz mit WC+Kiosk
Erlebnispfad Leutascher Geisterklamm
Im Ried
Lindlainkopf
1802
1795
Karwendelloch
Leitersteig
Rainspazierweg
Schanz
Zum Klammgeist
Am Gletscherschliff
Pension Bärenwirt
Wirtsberg
1547
Burggraben
Wildsteinkopf
Zur Mühle
1140
Zur Brücke
Schartenkopf
Lindlahn
Sulzlewald
1616
Diensthtt. (verf.)
Wasser-fälle
Scharten-tal
Riedalm
936
Riedbergscharte
1430
Jhtt.
Tiefes Tal
1560
Brunnstein
1080
Die Streaf
Brunn-stein-steig
Schwarzwald
Riedkopf
1860
Brunnsteineck
Roßlähne
Isarradweg

27. Kramerspitze, 1985 m

Über die Stepbergalm

Ausgangspunkt: Garmisch-Partenkirchen, Gasthaus Almhütte auf der Maximilianshöhe, 820 m | **Charakter:** unschwierige Rundtour; wenn oberhalb der Roßkarköpfe Schnee liegt, muss man dort vorsichtig sein; beim Gipfelabstieg gibt es ein paar Meter, wo feiner Gries zu erhöhter Vorsicht zwingt | **Einkehr:** Bergwirtschaft St. Martin, Stepbergalm | **Karte:** KOMPASS Nr. 5

Mittel | 14 km | 1200 hm / 1200 hm | 6,5 Std.

Meist sind die weniger bekannten Gipfel am Rande berühmter und spektakulärer Bergmassive die schönsten Aussichtswarten. Denn wer auf einem scharf geschnittenen Berg oben drauf sitzt, sieht meist recht wenig von ihm. Der Kramer ist zwar selbst kein besonders formvollendeter Berg, doch er gewährt Ausblicke nach Garmisch hinunter und vor allem zum benachbarten Zug-

Gipfelpause auf dem Kramer

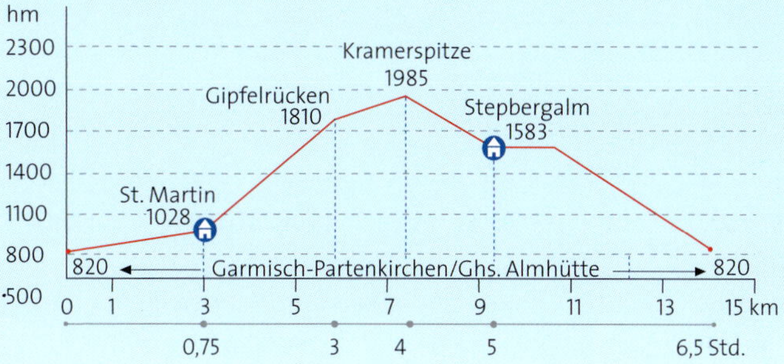

spitzmassiv, die ihresgleichen suchen. So ein prächtiger Gipfel bleibt natürlich kein Geheimtipp. Deshalb ist der Kramer auch viel besucht.

Vom **Wirtshaus Almhütte**, das am nordwestlichen Ortsrand von Garmisch-Partenkirchen steht, geht man am Kramer-Plateau-Weg eben gegen Nordosten zu einem Fahrweg. Auf ihm nun nach Norden, später Richtung Süden fast bis zur **Bergwirtschaft St. Martin**.

Vor der Bergwirtschaft zweigt man vom Sträßchen rechts ab, folgt kurz einem breiten Weg und biegt abermals rechts ab. Dann steigt ein schöner Bergweg in Kehren unter der Schwarzen Wand gegen Nordwesten auf, führt an der eindrucksvollen Felsenkanzel (Aussichtspunkt) vorbei, bis Wegweiser auf rund 1450 m Höhe nach links zu einem engen Steig führen, der steil zum Ostrücken des Kramers ansteigt. Am Kramersteig links gehen und dem felsigen **Rücken** folgen, zwischendurch etwas abwärts und zuletzt gegen Süden zum Gipfel der **Kramerspitze**.

Weil es so schön passt, sollte man sich die folgende – zugegeben etwas längere – Abstiegsvariante gönnen. Sie fällt gleich vom Gipfel steil nach Westen ab, flacht aber bald deutlich ab und führt, kurz am Drahtseil, durch Krummholz und über eine ausgedehnte Wiese zur **Stepbergalm** hinab. Von der Alm gibt es zwei gute Abstiegswege. Der Stepberg-Alpensteig knickt vor der Almwirtschaft gegen Südosten ab und führt fast eben – stellenweise sogar aufwärts – dahin. Erst hinter der Kögerlaine fällt er recht steil ab. Ein schöner Wurzelpfad führt zu einem Fahrweg, auf dem der Kramer-Plateau-Weg erreicht wird, der zur **Wirtschaft Almhütte** führt.

Hasenjöchl
Gießenbach-Rossalm
1327
Dienst-Hütte (verf.)
Kuhalm 1326
Gießenbach-A (verf.)
Brünstelkopf
Vord. Brünstelkopf
1814
1734
Gießenbachsattel
Großer Zunderkopf
1895
Felderkopf
1818
Kleiner Zunderkopf
1928
Vorderer Felderkopf
Brünstelhütte
Herrentischgr.
Gießenbacher Weg
Kaltwasser
Jhtt. 870
Diessener
Lahnenwiesgr.
1036
NSG
Sulzgraben (Wiesgraben)
Stepbergeck
1144
Königsstand
Seehaus
Pflegersee
Alple
1453
Hirschbichlrücken
1683
Stepberggraben
Roßkarköpfe
1712
1817
Kramersteig
Fürstenbrunnen
Schwarze Wand
Tanzböden
1583 Stepbergalm
1592
Kuhkar
Roßkar
1834
1985
1982
Kramerspitz
1818
Kramersteig
Stepberg-Alm-Steig
Kreuzweg
Gelb Gwänd Steig
Felsenkanzel
St. Martin 1028
Grasberg
Kramertunnel (in Planung)
Predigtstuhl
1472
1010
1338
1327
752
Kriegerka
793
Waldlehrpfad
START
Almhütte
Maximilianshöhe
Tierheim
863
996
Krammerlaine
Kögerlaine
Milliärgelände
Kramer-Plateauweg
761
831
Loisachbad
Herrgottschrofen
Breitenau
792
Höhenrainweg
722
717
Kriegerkapelle
742
772
Untergrainau
Huberpark
Grainau
Kreppbach
Schmölz
723
Katzenstein 852
Aulealm
255
259
261
262
256
263
265
262,265
255A

0 500 m

Schafkopf
Farchant
Grubenkopf
Diensthütte
Wassertal
Salatbach
Ronetsbach
Pumpwerk
Ursprünge
Walderlebnispfad
Sportzentrum
Hochseil-Erlebnispark
Kuhflucht
Jägersteig
Schafalm-Diensthütte
Mühldörfl
Frickenhöhle
Ochsenberg
Wasserwart-Diensthütte
Deutsche Alpenstraße
Burglehrpfad
Ruine Werdenfels
Werdenfels-Warmbad
Frauenmahd
Predigtstuhl
Burgrain
Golfplatz
Philosophenweg
Daxkapelle
Hüttlsteig
Ameisberg
Observatorium
Wankhaus
Sonnenalm
Kläranlage
Loisach
Wanktunnel geplant
Caravanplatz
Hochseilgarten
Wankbahn
nur Sommerbetr.
Schafkopf
Wank
Mittelstation
Schwarzbodensteig
Garmisch-Partenkirchen
Sankt Anton
Faukenschlucht
Eckenhütte
Werdenfelsmuseum
Gamshütte
Schalmeischlucht
Steinbich
Schlattan
Pfeifferalm
Olympia-Eisstadion
Vogelschutzwarte
Schöne Aussicht
Anzlesau
E533
HP-Hausberg
Klinikum
Kainzenbad
Kankerbach
Hausberg
Skischule
Kochelberg
Hp. Kainzenbad
Sommer-Rodelbahn
Wiedau
Wamberg
Kochelbergalm
Olympia-Skistadion
Lenz'nhütte
Gudiberg
Schönau
Petersbad

28. Wank, 1780 m

Zu Fuß zum Seilbahngipfel

Ausgangspunkt: Höfle, 920 m, | **Charakter:** sehr einfache Bergwanderung ohne die geringsten Schwierigkeiten; wenn wenig Schnee liegt, kann man die Wanderung sogar im Winter durchführen | **Einkehr:** Wankhaus am Gipfel; Gschwandtnerbauer (beide Übernachtung) | **Karte:** KOMPASS Nr. 5

Leicht | 10 km | 860 hm 860 hm | 4,25 Std.

Viele Wege führen auf den Wank. Und auch eine Seilbahn. Sicher ist es nicht jedermanns Sache, auf einen Seilbahnberg zu Fuß zu steigen, denn manchen stört es, wenn sich am Gipfel die Massen tummeln. Der eine oder andere mag sich vielleicht auch am Kabelverhau in Gipfelnähe stören (allerdings ist der Skibetrieb am Wank weitgehend eingestellt.)

Trotzdem, der Wank bleibt ein schöner Ausflugsberg, auch für den Bergwanderer, der zu Fuß heraufkommt. Der Gipfel eignet sich übrigens hervorragend als Startplatz für Drachen- und Gleitschirmflieger, die sich an guten Flugtagen dort oben ein buntes Stelldichein geben.

Vom **Parkplatz** unter der Straßenabsperrung auf dem Fahrweg zum **Gschwandtnerbauer** gehen. Gleich hinter dem Wirtshaus biegt man links ab und kommt in den Wald hinein. Der mustergültig angelegte Wanderweg steigt gegen Norden an, führt an einer tiefen Klamm mit schönen Einblicken

Goldener Herbst am Wank

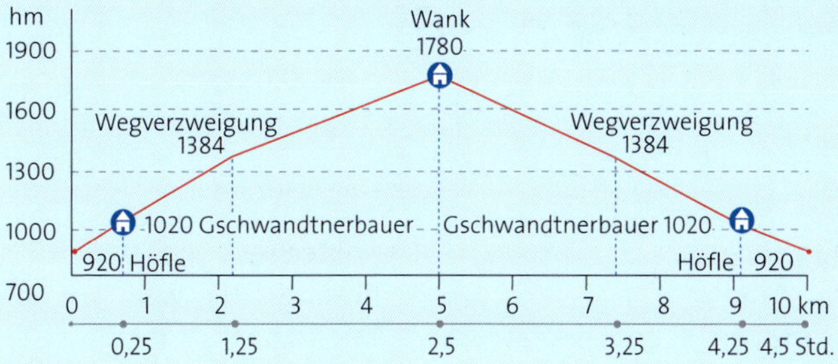

vorbei und gabelt sich beim **Kotierungspunkt 1384 m**. Dort links abdrehen und gemütlich durch den schattigen Buchenmischwald nach Westen hinauf wandern, bis der Bergweg nach Nordwesten schwenkt und freie Wiesen erreicht werden. Die breite Gipfelpromenade führt nun an einigen technischen Einrichtungen der Liftanlage vorbei und zur Talstation des Gipfellifts. Und dann geht man schnurstracks zum **Wankhaus** und zum **Gipfelkreuz** hinauf.

Am einfachsten und schnellsten ist es, mit der Seilbahn abzufahren. Auch recht flott ist der Abstieg entlang der Aufstiegsroute. Die Route über den Eckenberg zur Esterbergalm hinab und durch den Kaltwassergraben wieder nach Süden zur Anstiegsroute hinauf ist schon deutlich länger. Wer die Wanderkarte genau studiert, kann noch viele Varianten finden, die aber zum Teil nicht wieder zum **Ausgangspunkt** zurückführen.

KOMPASS INFO

Auf- und Abstieg von Garmisch-Partenkirchen
Zwei beliebte Routen auf den Wank beginnen bei der Talstation der Wankbahn. Eine steigt erst einmal gering gegen Osten an und schwingt sich ab der Eckenhütte steil nach Nordosten in der Nähe der Seilbahntrasse durch lichten Wald zum Gipfel auf. Die andere verläuft auf einem langen Fahrweg (im Winter Skipiste) über die malerische Daxkapelle zur Esterbergalm und auf freien Skipistenhängen relativ steil zum Roßwank, von wo sie moderat zum Wankgipfel hinüberführt. Diese beiden Routen lassen sich zu einer langen, aber schönen Rundtour kombinieren.

KOMPASS

0 500 m

Krottenkopf
2086
Bischof
2033
Klaffen
Wallgauer Eck
Krüner Alm
1621
Diensthtt.
1413
1466
Lochentalalm
(verf.)
G E B I
Lochentalgraben
Oberrauheck
1533
Unterrauheck
Angerlwald
1373
Hellenbach
Altgraben
1389
F i n z
Finzhütte
Diensthtt.
1085
Angerlgraben
Finzbach
Altgraben-
Diensthtt.
Finzalm
Beim
Soiernkreuz
Schneiderl
Rindberggr.
Zunderkopf
1611
Mitterkopf
1529
1155
Bauerngraben
1121
1662
Rotenkopf
1682
Rindberg
1312
1177
Schweizer Alple
Diensthtt.
1249
Oberreidlalm
(verf.)
Geißsteig
1252
Bletschertalkopf
1353
Am Schartenkopf
Fuchssteig
Rotenkopfgr.
Wagenbrüch
1086
Gerolderalm
902
1099
Unterreidla
Güttlegraben
NSG
Etzw
Wagenbrüchsee
(Geroldsee)
Gerold
1053
Kreide-
werk
Kaltenbrunn
Plattele
920
Deutsche Alpenstraße
Biathlon-
stadion
959
856
Hirschbühel
Sonnenhof
In der
Kuchl
Aschenmoosbach
Aschenmooswald
Am Berg
Klais
933
Zotzenberg
1205
1186
Hirzeneck
Kocheligraben
Köcheli Wald
1092
Scharfes Moos
Tal
1287
Elmauer Alm
1112
Diensthtt.

29. Pfeifferalm – Gschwandtnerbauer – Steinbühl, 1184 m

Auf Luxuswegen zu Füßen des Wanks

Ausgangspunkt: Garmisch-Partenkirchen, Café Schöne Aussicht, 805 m | **Charakter:** einfacher Spaziergang; bei wenig Schnee auch im Winter möglich | **Einkehr:** Café Schöne Aussicht, Pfeifferalm, Gschwandtnerbauer; evtl. Gamshütte | **Karte:** KOMPASS Nr. 5

Leicht | 8 km | 380 hm 380 hm | 2,5 Std.

Manchmal hat man keine Lust auf große Bergwanderungen. Oder das Wetter spielt nicht mit. Vielleicht liegt auf den Bergeshöhen noch oder schon wieder zu viel Schnee. Für solche Tage bietet sich zum Luft schnappen so eine kleine Runde an, wie sie von der Schönen Aussicht über die Pfeifferalm zum Gschwandtnerbauer führt. Und damit es auch ein bisserl bergauf geht, kann man in diesen Spaziergang noch einen kleinen Anstieg zum Steinbühl einbauen.

Diese Vergnügungstour beginnt am Ostrand von Garmisch-Partenkirchen beim **Café Schöne Aussicht**. Dort findet sich ein Parkplatz, von dem man dem Fahrweg kurz nach Westen folgt. Schon nach ein paar Metern beginnt auf der rechten Seite eine breite Promenade, die gegen Norden ansteigt. An den beiden folgenden Abzweigungen rechts halten und dann über freie Wiesen und durch Wald, zwischendurch auch über längere Lichtungen moderat ansteigend gegen Osten dahin. Der Spazierweg verläuft auf längeren Etappen fast eben dahin, steigt hinter einer Lichtung an, führt durch einen kurzen Waldgürtel und dann auf eine freie Wiese, über die er geradewegs zum ersten Wirtshaus, der **Pfeifferalm** in Schlattan stößt. Gleich hinter dem Wirtshaus kommt man auf eine wenig befahrene Asphaltstraße. Sie fällt zum Weiler **Höfle** ab. Dort dreht man links ab und folgt der Schotterstraße, die etwas steiler zum zweiten Wirtshaus, dem **Gschwandtnerbauer**, ansteigt.

Unmittelbar über dem Ausflugsgasthaus verlässt man den Fahrweg nach links, den Wegtafeln Wankhaus und Gamshütte folgend. Ein Bergpfad steigt am Waldrand nach Norden an, führt durch ein Weidegatter und verzweigt

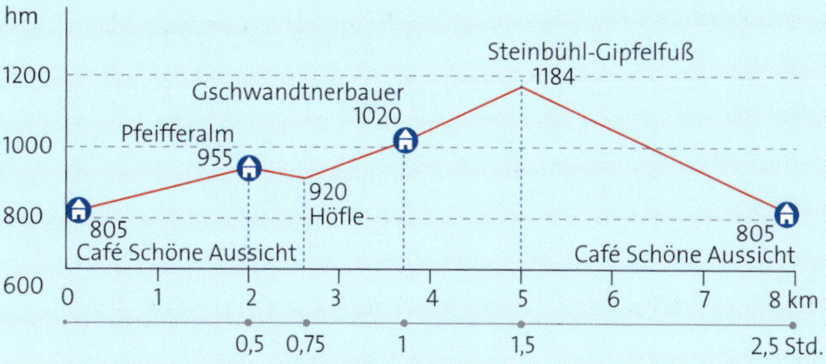

sich. Dort links abdrehen und immer steiler über Treppenstufen durch lichten Wald gegen Westen hinauf, bis man nach einem Gatter in eine breite Mulde auf 1055 m Höhe stößt. Von dort könnte man ohne Weg durch den Wald zum **Steinbühl** hinauf gehen, damit man einen Gipfel erreicht. Doch lohnt sich das kaum. Der weitere Weg fällt anfangs nur gering ab, stößt hinter einer Lichtung nach einem Gatter auf eine Fahrspur, wird aber dann immer steiler und mündet in einen Fahrweg. Wer noch zu einem weiteren Wirtshaus will, biegt dort rechts ab und geht in einer guten Viertelstunde am Sträßchen anfangs gegen Nordosten, später gegen Westen zur Gams-hütte, 1050 m, hinauf.

Der Rückweg verläuft auf freien Hängen auf einer breiten, aber groben Schotterstraße steil hinab, bis sie zu einer guten Forststraße stößt. Auf ihr durch zwei Kehren bis zur gut beschilderten Wegverzweigung hinab. Dort links halten und am Luxus-Spazierweg eine Fahrspur queren und zum **Ausgangspunkt** zurück.

Der Gschwandtnerbauer

KOMPASS

0 500 m

Niederer Fricken
1682
Hoher Fricken
1940
Frickenhöhle
Ochsenberg
1694
Wasserwart-Diensthütte
Farchanter Alm 1272
Walderlebnispfad
Sportzentrum Hochseil-Erlebnispark
Kuhfluchtgraben
Mühldörfl
Werdenfels-Warmbad
Frauenmahd
Predigtstuhl
Esterberg
Esterbergalm
Diensthütte
Kaltwassergraben
Ameisberg
1749
Observatorium
Wankhaus 1774
Sonnenalm
1780
Wank
Roßwank
1688
Häuslboden-Diensthütte
Geißsteig
Fuchssteig
Hüttlsteig
Daxkapelle
964
Schafkopf
Mittelstation
Schwarzbodensteig
Garmisch-Partenkirchen
Sankt Anton
Faukenschlucht
Eckenhütte
Gamshütte 1050
Schalmeischlucht
Steinbichel
Gschwandtner Bauer
Gschwandt
Höfle
Schlattan
Pfeifferalm
Vogelschutzwarte
Kreidewerk
Schweizer Bartl
START
Schöne Aussicht
Anzlesau
E533
Klinikum
Kainzenbad
Kankerbach
Halbau
Rappenschrofen
Wamberg
996
Wiedau
Im Tal
Sommer-Rodelbahn
Olympia-Skistadion
Lenz'nhütte
Gudiberg
Schönau
Eselberg
Eckbauerbahn
Wildenau
Wamberger-Hütte
Diensthütte
Draxlerweg
Wamberg
In der Kuchl

30. Krottenkopf, 2086 m

Über Kuhflucht und Hohen Fricken

Ausgangspunkt: Farchant-Mühldörfl, Wanderparkplatz am Kuhfluchtweg, 679 m | **Charakter:** lange Rundwanderung; bei Schnee, Eis oder Nässe wird die Tour gefährlich (steile Schattenhänge) | **Einkehr:** Weilheimer Hütte, Esterbergalm (beide Übernachtung) | **Karte:** KOMPASS Nr. 5

Mittel | 18 km | 1550 hm / 1550 hm | 9 Std.

Der Krottenkopf ist der höchste Gipfel des Estergebirges, und deshalb darf die Tour dort hinauf auch etwas länger sein. Unter dem Gipfel steht die Weilheimer Hütte für eine Übernachtung bereit. Das entkrampft die Bergfahrt. Daher kann man, wenn man die Wanderung auf zwei Tage ausdehnt, locker den Hohen Fricken, den Bischof sowie den Oberen Rißkopf mit ins Programm aufnehmen.

Vom **Parkplatz** folgt man dem Wanderweg durch den sturmgeschädigten Kuhfluchtwald bis zur Kuhfluchtbrücke. Dann neben dem Wildbach durch den Wald zum eindrucksvollen **Kuhfluchtwasserfall**. Auf einem Steg wird das Wildwasser gequert und ein Steig führt auf enorm steile Hänge, über die er sich mühsam hinaufschlängelt (stellenweise Drahtseil). Dann kommt man auf einen Höhenrücken, an einem Unterstand vorbei und wieder in steile Waldhänge. Bei Nässe muss man dort besonders aufpassen, denn ein Ausrutscher, beispielsweise auf einer Wurzel, könnte fatale Folgen haben. Schließlich tritt das Weglein aus dem Wald aus und es öffnen sich eindrucksvolle Ausblicke ins Loisachtal und nach Garmisch-Partenkirchen. Anschließend wird der Rücken über dem Frickenkar erreicht, von dem man das letzte Stück durch Latschenbuschwerk nach Süden zum **Hohen Fricken** aufsteigt und noch ein paar Meter zum Kreuz weitergeht. Damit ist zwar ein Gipfel, aber noch lange nicht das Ziel der Tour erreicht.

Man steigt nun vom Fricken nach Nordosten ab, geht an der Abzweigung der Aufstiegsroute vorbei und zum Gratsattel zwischen Hohem Fricken und Bischof. Wer Lust dazu verspürt, kann in einer knappen Stunde über den Südwestgrat zum Bischof aufsteigen.

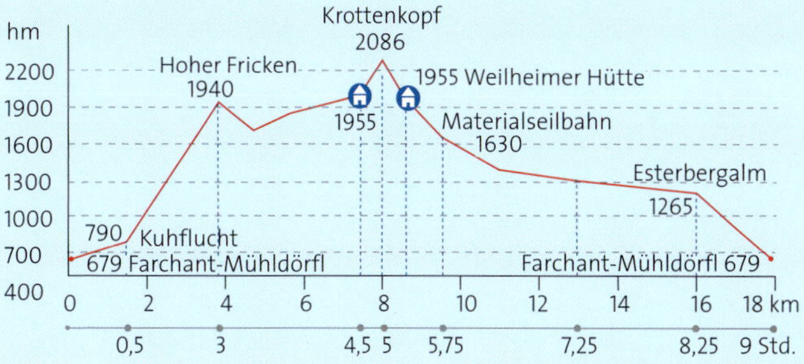

Der Übergang zum Krottenkopf knickt links ab und fällt kurz gegen Norden ab. Von dort kann man wieder ins Tal durch das Frickenkar und am ungemütlichen Oberauer Steig nach Mühldörfl absteigen. Der Aufstieg zum Krottenkopf aber dreht an der Verzweigung rechts ab, führt mehrmals auf und ab und zum breiten Sattel zwischen Bischof und Henneneck. Dort links halten und über Felsen und durch Krummholz unter Kareck und Oberem Rißkopf zur **Weilheimer Hütte** gehen Von der Hütte nach rechts und gegen Süden die letzten 20 Minuten zum Gipfelkreuz am **Krottenkopf** hinauf.

Vom Gipfel geht es erst einmal am Aufstiegsweg zur **Weilheimer Hütte** zurück. Von der Hütte kann man am Aufstiegsweg weiter gehen oder links abbiegen und in der Nähe der **Materialseilbahn** nach Süden absteigen. Unter der Talstation der Materialseilbahn kommt man zu einer schmalen Fahrspur, die zur Hinteren Esterbergalm und zur **Esterbergalm** führt. Von der Bergwirtschaft geht es noch ein Stück relativ flach weiter, doch dann fällt die Straße ziemlich steil ab, bis nach rechts der Wanderweg in Richtung Farchant abzweigt. Auf ihm durch Wald, am Scharfen Eck vorbei und nach **Mühldörfl** hinaus.

Beim Übergang vom Fricken zum Krottenkopf

Kloster
Ettal
877
Walderlebnis-pfad
Mühlberg
Enzian-weg
Mauergraben
897
876
Ettaler Sattel
818
23
Histor. Lehr-pfad
Gießenbach
Untermberg
St.Georg
Kirchbichl
907
Rabenkopf
1107
Deutsche Alpenstraße
2
23
E533
Oberau
659
-filz
Unter
Ober
Lauterbach
OE1
OE2
OE3
Buchwies
Kreuzstein
1009
Rohrbach
657
658
Schanze
Pumpwerk
Klamm
Heuberg
999
662
Diensthütte
Schafalm-Diensthütte
Oberauer Steig
Salatbach
Ronetsbach
Ursprünge
Niederer Fricken
1682
943
Wassertal
669
Walderlebnis-pfad
Jägersteig
Sportzentrum Hochseil-Erlebnispark
Kuh-
-flucht
Farchant
672
673
1259
Kuhfluchtgraben
1940
Hoher Fricken
START
702
Mühldörfl
Frickenhöhle
790
Walderlebnis-pfad
Ochsenberg
256A
Deutsche Alpenstraße
697
Wasserwart-Diensthütte
1694
Werdenfels-Warmbad
676
413
Frauenmahd
Predigtstuhl
1279
Esterberg
1264
691
Burgrain
413,415
Golfplatz
Philosophenweg
Hüttlsteig
1749
Ameisberg
1724
Kaltwassergr.
Dax-kapelle
964
Wank-tunnel geplant
Observatorium
1780
Wankhaus 1774
Sonnenalm
Kläranlage
712
1274
W a n k
Caravanplatz Hochseilgarten
2
1688
Roßwank
412
Wankbahn
nur Sommerbetr.
Schafkopf
nur Sommerbetr.
Mittelstation
Schwarzbodensteig
Garmisch-Partenkirchen

0 500 m

Zunderkopf
Teufelskapelle
Jagdhaus
Hinterer Kopf
Pustertal-Jagdhaus
Hohe Kisten
Predigtstuhl
Archtalkopf
Oberes Michelfeld
Jagdhaus
Platteneck
Schindlerskopf
Walchenseer Steig
Krüner Steig
Kuhalm 1603
Wallgauer Steig
Oberer Rißkopf
Angerlboden
Kareck
Weilheimer Hütte (Krottenkopfhtt.) 1946
Lochtalalm
Wallgauer Eck
Kaffen
Henneneck
Krottenkopf
Bischof
Krüner Alm 1621
Diensthtt.
Lochentalalm (verf.)
G E B
Oberrauheck
Angerlwald
Unterrauheck
Finz
Finzhütte
Finzbach
Finzalm
Zunderkopf
Mitterkopf
Rotenkopf
Rindberg
Häuslboden-Diensthütte
Schweizer Alple
Oberreidlalm (verf.)
Bletschertalkopf
Geißsteig
Fuchssteig
Am Schartenkopf
Wagenbrüch

Index